Diana Pflichthofer

Mit Neurosen unterwegs
Kleiner psychoanalytischer Reiseführer
durch unseren Alltag

Vandenhoeck & Ruprecht

Bibliografische Information der Deutschen Nationalbibliothek:
Die Deutsche Nationalbibliothek verzeichnet diese Publikation in der
Deutschen Nationalbibliografie; detaillierte bibliografische Daten sind
im Internet über https://dnb.de abrufbar.

© 2021, Vandenhoeck & Ruprecht GmbH & Co. KG,
Theaterstraße 13, D-37073 Göttingen
Alle Rechte vorbehalten. Das Werk und seine Teile sind urheberrechtlich
geschützt. Jede Verwertung in anderen als den gesetzlich zugelassenen Fällen
bedarf der vorherigen schriftlichen Einwilligung des Verlages.

Umschlagabbildung: Diana Pflichthofer

Satz: SchwabScantechnik, Göttingen
Druck und Bindung: BALTO print, Vilnius
Printed in the EU

Vandenhoeck & Ruprecht Verlage | www.vandenhoeck-ruprecht-verlage.com

ISBN 978-3-525-40748-6

Inhalt

Vorab	7
Worum es geht	10
Autofahren – Des Deutschen liebstes Kind	14
Institutionen – Sich wie ein Kind fühlen	28
Fußball – Wahre Liebe nur unter Männern?	58
Shoppen – Illusion einer Verwandlung	74
Wölfe – Das Böse ist draußen	88
Smartphones – Tausendmal berührt, ...	97
Corona – Pandemie der Extreme	114
Seelische Erkrankungen – *Psycho* oder was?	130
Spaziergang	147
Anmerkungen	153
Literatur	156

In dankbarem Gedenken für Dr. Hartmut Wegehaupt

Vorab

>»*Man könnte von der Psychoanalyse sagen, wer ihr den kleinen Finger gibt, den hält sie schon bei der ganzen Hand.*«
>(*Sigmund Freud 1916/17*)

Seit es die Psychoanalyse gibt, ist sie heftigem Widerspruch, bisweilen offener Feindseligkeit oder aber jovialer Entwertung ausgesetzt. Oft scheint die Psychoanalyse bissige Polemik herauszufordern, ihre Erkenntnisse werden gern, auch ohne genaue Kenntnis der Theorie und Praxis, heftig negiert. Das Unbewusste sei eine Fiktion, die Psychoanalyse überhaupt ein einziger großer Irrtum, eine Verirrung eines bürgerlichen Muttersöhnchens oder »homophoben Phallokraten«[1], der Generationen einer gigantischen Verdummung unterzogen habe, von der auch heute noch Krankenkassen befallen seien, die eine solch sinnlose Therapie bezahlten. Psychoanalyse-Bashing hat noch immer Konjunktur. Es scheint so zu sein, als ließe sich mit Freud, auch in der Negierung seiner Erkenntnisse, immer noch gutes Geld verdienen oder zumindest ein Platz in einer Talkshow ergattern.

Man müsste sich eigentlich die Mühe machen zu erforschen, von welchen enttäuschten, gekränkten, neidischen oder schlicht unwissenden Gemütern derartige Parolen stammen. Interessant aber ist in jedem Fall die Intensität des Affekts, der Gefühle, die sich in solchen Kritiken widerspiegeln. Mitunter nehmen sie verfolgenden Charakter an. Man kann sich fragen: Wenn die Psychoanalyse so unnütz, so unwirksam, so sinnlos und so pseudowissenschaftlich ist, warum muss man sich dann an ihr so langatmig abarbeiten und kann sie nicht einfach ignorieren und denen überlassen, die eben Gefallen an ihr finden? Was hat es mit der Intensität, mit der Energie dieser Gefühle auf sich?

Ich arbeite jetzt seit über zwanzig Jahren als Psychotherapeutin und fast ebenso lang als Psychoanalytikerin. Während dieser Zeit habe ich zu viele Menschen erlebt, die von eben dieser therapeutischen und psychoanalytischen Erfahrung zu profitieren vermochten, die Ruhe, Glück, Heilung fanden, als dass ich in den Chor der Widersacher einstimmen könnte. Das heißt nicht, dass es an der Psychoanalyse nicht allerlei zu kritisieren gäbe. So ist es auch mit jener Entwertung der Psychoanalyse, die mitunter durch die Psychoanalytikerinnen und Psychoanalytiker selbst, deren Machtgebaren, ihre Geheimbündelei, das Patriarchalische, den Androzentrismus und – furchtbarerweise – auch durch Missbrauch ihrer Methode, das Ausnutzen von emotionalen Abhängigkeiten, hervorgerufen wurde. Missständen gilt es weiterhin auf den Grund zu gehen, es gilt die Mystifizierung der Psychoanalyse und der sie Ausübenden aufzulösen; Psychoanalyse muss wie alle Wissenschaft ständig modernisiert, das heißt forschend weiterentwickelt werden, um das Wertvolle, das sie bereithält, zu bewahren.

Hilfreich dabei scheint mir auch zu sein, sie aus dem psychoanalytischen Hinterzimmer unter die Leute zu bringen. Denn: Zwar ist psychoanalytische *Therapie* harte Arbeit, für den Patienten wie die Therapeutin, aber psychoanalytisches *Denken* kann Spaß machen – ja sogar Vergnügen bereiten. Abgesehen davon, dass auch Arbeit zwischendrin vergnüglich sein kann.

Psychoanalytisches Denken eröffnet einen neuen Raum, jenseits der Oberfläche, jenseits des sofort Sichtbaren, einen Raum oftmals eher der leisen Töne und vor allem auch der Zwischentöne. Gerade in einer Zeit, in der es offenbar ein ausgeprägtes Bedürfnis nach Eindeutigkeit zu geben scheint, nach klaren Einteilungen in Gut und Böse, in richtig und falsch, in Eine von uns und Keine von uns könnte es hilfreich sein, der leisen, aber beharrlichen Stimme der Psychoanalyse zuzuhören – gerade deshalb, weil sonst, insbesondere auch im psychotherapeutischen Kontext, nur das Laute der Manuals, Checklisten und

Diagnosekriterien, die Eindeutigkeit in den Aussagen vorgaukeln, beachtet würde.

Psychoanalytisches oder, um einen anderen Ausdruck zu verwenden, *psychodynamisches* Denken, ist der Grundstein für dieses Buch als eine *dialektische Form des Denkens,* die befreien kann. Psychodynamisches Denken beinhaltet die Berücksichtigung unbewusster Konflikte, der psychischen Struktur eines Menschen sowie möglicher Folgen traumatischer Erlebnisse. Psychodynamische Therapien leiten sich von der Psychoanalyse ab, sie setzen im Einzelnen unterschiedliche Schwerpunkte. Die beiden bekanntesten psychodynamischen Therapieformen sind die Psychoanalyse selbst und die tiefenpsychologisch fundierte Psychotherapie. In diesem Zusammenhang macht der Begriff »Dynamik« bereits deutlich, dass die menschliche Psyche immer at work ist. Dauernd sind wir damit beschäftigt, andrängende Wünsche zu bewerten und entsprechend zu zensieren, und für den Fall, dass wir sie für inakzeptabel halten, sie zu verdrängen oder anderweitig umzuleiten. Man kann bereits hier erkennen, dass es verschiedene Stellen gibt, an denen man in die Psyche eingreifen kann: einmal auf der Ebene der Bewertung und dann der Zensur. Wir verurteilen, verdrängen, verleugnen und am Ende – das ist die Crux – erkennen wir uns nicht mehr recht wieder oder wissen nicht mehr so richtig, was wir wirklich fühlen, wer wir wirklich sind.

Eine Psychoanalyse kann im günstigen Fall ein nicht immer leichter Weg zu sich selbst und zu den anderen werden. Eine Psychoanalyse findet im Behandlungszimmer, in einer Praxis statt. Psychoanalytisch denken hingegen kann man überall!

Für mich bedeutet psychodynamisches Denken eine andere, weitere Perspektive zur Verfügung zu haben, einen weiteren Freiheitsgrad, ein weiteres Verstehen, Staunen und oft auch ein Vergnügen.

All das möchte ich gern mit Ihnen, liebe Leserin, lieber Leser, teilen.

Worum es geht

Der Titel *Mit Neurosen unterwegs* soll auf das Alltägliche, Menschliche, Allzumenschliche verweisen, auf die Konflikthaftigkeit des Menschen, die seine Psyche in ihren letztlich auch deutlich begrenzten Möglichkeiten ständig vor Herausforderungen stellt – alte und gängige wie neue.

Das Neurotische, wir werden im Folgenden genauer ergründen, worin es denn besteht, ist nicht da, wo wir es vielleicht gern hätten: weit weg, irgendwo in den Untiefen des Psychischen oder gar der Institution Psychiatrie. Nein, es ist in jedem von uns. Entsprechend häufig begegnet es uns auch in unserem Alltag.

Will man kurz beschreiben, was eine *Neurose* oder das *Neurotische* ist, fangen die Schwierigkeiten schon an. Geht es um eine seelische Krankheit? Oder gehört es in den Bereich des »Normalen«? Der Begriff der Neurose scheint aus vielerlei Gründen an der Nahtstelle zwischen Krankheit und Gesundheit, zwischen Psychiatrie und Psychoanalyse, zwischen Deskription und Psychodynamik, zwischen einem eher biologistischen und einem eher hermeneutischen Krankheitsverständnis zu liegen.

So schreibt Henningsen: »Die Neurose ist eine seelische Krankheit.«[2] Der Psychiater und Psychoanalytiker Stavros Mentzos meint dagegen: »Eine der Hauptthesen [...] ist die Auffassung, daß das Neurotische nur ein (unter günstigen Bedingungen fast zwangsläufig) abgewandeltes ›Normales‹ ist.«[3]

Wir bemerken hier einen kleinen, aber feinen Unterschied: Henningsen spricht von *Neurose,* Mentzos vom *Neurotischen.*

Ich verstehe das Neurotische mit Mentzos als etwas »abgewandeltes ›Normales‹«, das einem Individuum zum fraglichen Zeitpunkt als die bestmögliche Lösung eines *unbewussten Konfliktes* zur Verfügung steht.

Im Laufe der Jahre als Psychotherapeutin bin ich immer mehr zu der Ansicht gelangt, dass es häufig nur Nuancen sind, die zwischen krank sein und gesund sein liegen, dass Menschen natürlich versuchen, seelischen Schmerz und Kummer zu vermeiden, ihre Psyche dafür jedoch gar nicht so viele Möglichkeiten bietet, so dass neurotische Konfliktlösungen ubiquitär sind. Mal fallen sie mehr auf, mal weniger. Mal sind sie sozial akzeptiert, mal eher nicht.

Wenn Ihnen beispielsweise jemand erzählt, dass er auf jegliche Sexualität verzichte, dann klingt das schon neurotisch – oder? Aber wenn er Ihnen dann sagt, er sei Priester? Was ist dann? Dann gilt seine sexuelle Abstinenz, wenn sie denn wirklich gelebt wird, als sozial anerkannt. Das heißt aber nicht, dass die Entscheidung dafür nicht auch neurotische Gründe haben kann.

Früher, als es noch die Bundespost gab, hat man sich kollektiv darüber aufgeregt, dass der prototypische Postbeamte am Schalter um Punkt 13.00 Uhr die Jalousie heruntergelassen hat, auch, wenn in der Schlange davor noch fünf Leute standen, die vielleicht schon eine halbe Stunde gewartet hatten. Das galt als typisches Beamtenverhalten. Vermutlich war es schon damals nicht so, dass sich die meisten Schalterbeamten so verhalten haben, aber eben einige, und zwar jene mit einer eher zwanghaften Struktur.

Also, es ist nicht so leicht, der Neurose bzw. des Neurotischen habhaft zu werden, und doch kann uns dieses Phänomen täglich begegnen. Wir werden uns in diesem Buch auf die Suche danach begeben. Für diese Reise, sozusagen erst einmal als Handgepäck, möge hier eine Definition, erneut von Mentzos, bei der ersten Einordnung von Nutzen sein: »Neurotische Vorgänge, neurotische Erlebens- und Verhaltensweisen stellen inadäquate Lösungen von Konflikten dar oder gehen aus ihnen hervor.«[4]

Mentzos weist darauf hin, dass das Adjektiv »inadäquat« einer Klärung bedürfe. Zu einer inadäquaten Lösung kann auch Unwissenheit führen oder weil die *äußeren Umstände* keine bessere Lösung hergeben. Bei neurotischen Konfliktlösungen geht es aber in erster Linie um die *inneren Umstände,* also Gefühle, die – und das macht die Sache so richtig kompliziert – unbewusst sind. Diese inneren Umstände, die widerstreitenden Gefühle, Impulse und Haltungen, deren Gleichgewicht oder Ungleichgewicht bestimmen das, was wir *Psychodynamik* nennen.

Eine zweite Definition aus »Das Vokabular der Psychoanalyse« von Laplanche und Pontalis, dem Handbuch für Psychoanalytiker schlechthin, lautet: Eine Neurose ist eine »*psychogene Affektion, deren Symptome symbolischer Ausdruck eines psychischen Konfliktes sind, der seine Wurzeln in der Kindheitsgeschichte des Subjekts hat; die Symptome sind Kompromißbildungen zwischen Wunsch und Abwehr.*«[5]

Mit diesen beiden Definitionen haben wir jetzt Werkzeuge an der Hand, mit denen wir uns auf den weiteren Weg machen können.

Da ist zunächst die Unterscheidung zwischen neurotischen Vorgängen, neurotischem Erleben und neurotischem Verhalten zu treffen, woraus sich bereits der Hinweis ergibt, dass *das Neurotische* auch etwas Temporäres sein kann. Wir alle können unter bestimmten Umständen, nämlich dann, wenn wir psychisch unter Druck geraten, neurotisch reagieren oder dekompensieren. Das sind – wenn man so will – die Alltagsneurosen, um die es hier in der Hauptsache gehen soll.

Wenn dann aber neurotische Verhaltensweisen bei einer Person kontinuierlicher auftreten, also jemand chronisch zwanghaft reagiert oder chronisch eifersüchtig ist und nicht nur in einer besonderen Situation (etwa einer Schwangerschaft), sind wir eher geneigt von einer *Neurose* zu sprechen.

Das »Inadäquate«, von dem Mentzos spricht, bezieht sich in der Regel auf zwei Aspekte: auf das *Maß der inneren Freiheit,* in der man auf eine bestimmte Situation zu reagieren vermag, und auf die *Intensität der Gefühle,* die im Spiel sind, und allgemein objektiv, soweit das möglich ist, als unangemessen bewertet werden.

So erscheint es den meisten Menschen als unangemessen, beim Anblick einer Maus kreischend auf einen Stuhl zu springen. Die hier ansässigen Mäuse greifen in der Regel keine Menschen an, sie beißen nicht unaufgefordert zu und tun uns eigentlich gar nichts (eher wir ihnen). Ebenso ist das mit den meisten Spinnen. Und hier greift die zweite Definition. Man könnte meinen, die Reaktion sei völlig unangemessen und also verrückt. Oder aber man stellt sich auf den anderen Standpunkt und sagt: Die Reaktion wird schon angemessen sein, sie *bezieht sich nur auf ein anderes Objekt als die Maus. Die Maus fungiert hier als Symbol* für etwas, das einen schreiend auf den Stuhl treibt.

Und wer jetzt sagt: »Ja, klar, aber wer hat schon Angst vor Mäusen« und »Ja, das ist doch klar, dass da was nicht stimmt«, der denke einmal an die aktuelle Diskussion um heimische Wölfe, auf die ich noch zu sprechen kommen werde. Denn auch die Auseinandersetzung mit diesem Thema trägt viele neurotische Züge.

Halten wir also fest: Neurotisches Verhalten meint ein Verhalten, das sich aus einem ungelösten unbewussten Konflikt, zwischen widerstreitenden Gefühlen und Impulsen ergibt. Häufig stellt es eine Kompromisslösung dar zum Beispiel zwischen dem Wunsch und dessen gleichzeitiger Abwehr. Das kann aufgrund besonderer Umstände punktuell erfolgen, oder aber es hat sich bereits im Charakter eines Menschen niedergeschlagen.

Dieses abgewandelte »Normale« kann uns überall begegnen – im anderen und in uns selbst. Machen wir uns also auf und schauen, was es unterwegs zu sehen gibt.

Autofahren – Des Deutschen liebstes Kind

*»Der Deutsche fährt nicht wie andere Menschen.
Er fährt, um recht zu haben.«
(Kurt Tucholsky)*[6]

Das Auto gilt als »des Deutschen liebstes Kind«. Mir ist es nicht gelungen herauszubekommen, von wem diese Einschätzung stammt. Aber ich kann mich noch gut an die Zeit meiner Kindheit erinnern, als an den Wochenenden in diversen Einfahrten das Familienauto liebevoll gewaschen, eingeseift, gewachst und poliert wurde. Der Staubsauger wurde geschwungen, um auch den letzten Krümel zu beseitigen. Diese im Ursprung hauswirtschaftliche Tätigkeit (Putzen, Ordnung schaffen) wurde bemerkenswerterweise überwiegend von Männern ausgeführt. Man konnte in der Tat den Eindruck gewinnen, dass so manches Auto liebevoller gehegt und gepflegt wurde als das eigene Kind. Stammt also diese Einschätzung aus dieser Beobachtung?

Wie auch immer, zunächst sollten wir uns fragen, was denn eigentlich zum Status des »liebsten Kindes« gehört und ob dieser überhaupt erstrebenswert scheint.

Wer ist »das liebste Kind« in einer Familie? In der Regel nicht jenes, das Mühe macht, sondern eher das Kind, das erfolgreich ist, angepasst und seine Eltern mit Stolz erfüllt. Und dies ist häufig dann der Fall, wenn das Kind nicht gelebte oder nicht erreichte Wünsche der Eltern umzusetzen verspricht oder tatsächlich realisiert, zum Beispiel sehr gut in der Schule, sportlich sehr erfolgreich oder sehr hübsch ist. In einem solchen Fall sprechen wir davon, dass das Kind als *Selbstobjekt* seiner Eltern fungiert.

Der Begriff **Selbstobjekt** stammt aus der von Heinz Kohut[7] begründeten Selbstpsychologie und beschreibt einen speziellen psychischen Vorgang: Gemeint ist ein anderer Mensch (Psychotherapeuten sprechen auch hier vom *Objekt*, bezogen auf das erlebende Selbst vom *Subjekt*), der nicht als ein von mir, von meinem Selbst abgegrenzt mit *eigenen* Wünschen, Ideen und Interessen als Person mit eigenem Recht erlebt und verstanden wird, sondern als ein Mensch, der eigens dafür da ist, *meine* Bedürfnisse, und hier insbesondere meine Bedürfnisse nach Anerkennung und Bestätigung, zu erfüllen, und damit meinem Selbstwertgefühl zum Wachstum verhilft. Der andere Mensch, das Objekt, steht damit im Dienst meines Selbst, wird psychisch als Teil meines Selbst erlebt; eigene Interessen und Bewegungen werden ihm nicht zugestanden. Dies ist allerdings ein Vorgang, der den meisten Menschen *unbewusst* ist, jedoch in Form von Symptomen an der Oberfläche sichtbar wird. Ein bekanntes Beispiel für die Tatsache, dass Kinder als Selbstobjekte für Eltern fungieren, ist das Agieren von Eltern auf dem Fußballplatz oder als Zuschauer bei anderen Sportarten, bei denen ihre Kinder mittun. Eltern ereifern sich in einer der Sache völlig unangemessenen emotionalen Art, wenn sie beispielsweise ihr Kind im Wettkampf benachteiligt sehen: Das weist zum einen darauf hin, dass die Eltern es so erleben, als sei es *ihr* Wettkampf, *ihre* Leistung, und zum anderen auf die völlig übersteigerte Bedeutung, die eine Szene in einem solchen Wettkampf erlangt, so als ginge es nicht um einen Punkt in einem Spiel oder eine Platzierung auf einem von Tausenden von Wettkämpfen auf der Welt, sondern ums Leben überhaupt oder zumindest grundsätzlich um die eigene Ehre.

Das *Selbstobjekt* hat also die psychische Funktion, das eigene, häufig unbewusst als mäßig, klein oder benachteiligt erlebte Selbst zu vergrößern und zu erweitern, es – in der Fantasie – um Fähigkeiten zu bereichern, die man selbst nicht hat, sich nicht zutraut oder die so mühsam zu erreichen wären, dass man das lieber auf anderen Wegen versucht. Dieser Zugewinn kann mit Hilfe von Personen geschehen, aber auch durch Gegenstände (die von Psychotherapeuten auch *Objekte* genannt werden). Solche Gegenstände sind zum Beispiel Statussymbole wie eben ein Auto oder ein Haus oder ein bedeutender Verein, der mehr Glanz abstrahlt als man vermeintlich selbst aufweist. Selbstobjekte dienen der Regulation des eigenen *Narzissmus*, sind also Selbstwertregulative.

Das Auto nun ist ein *Selbstobjekt* par excellence. Es erweitert das Selbst zunächst einmal auf einem ganz physischen Weg: Wir werden – wenn wir drinsitzen – gegenständlich größer, schneller und fühlen uns geschützter und dadurch häufig tragischerweise unverletzbarer als ohne eine solche *narzisstische Hülle* um uns herum. Man kann zu Fuß für die ersten 100 Meter 30 Sekunden benötigen, aber man kann in einem Auto sitzend, das in 7 Sekunden von 0 auf 100 km/h beschleunigt, anderen davonfahren, was aus eigener Kraft niemals gelänge. Man kann sich über seine Automarke als Angehöriger einer großen Markenfamilie definieren und sich auch über ein solches Zugehörigkeitsgefühl bedeutender fühlen, wenn man, wie früher häufig anzutreffen, den Mercedes in der tagsüber offenen Garage stehen hatte.

Heute ist diese Form der persönlichen Aufwertung nicht immer ganz so einfach, weil fast jeder Kleinwagen inzwischen 180 km/h fahren kann. Wenn man heutzutage also beschleunigt und bemerkt, man kann dem anderen nicht mehr so locker davonfahren, was tut man dann? Dann bricht auf den Straßen ein offener Kampf aus. Man versucht sich mächtiger zu fühlen, indem man vielleicht andere Verkehrsteilnehmer kontrolliert, indem man zum Beispiel an Stellen, an denen es keine Möglichkeit zum Überholen gibt, extra langsam fährt oder – ganz eindringlich – plötzlich auf die Bremse tritt und den Autofahrer hinter sich zu einem üblen Bremsmanöver zwingt. Ja, diese Macht hat man tatsächlich, dem anderen eine Handlung, die er nicht will, aufzuzwingen, ihn zu kontrollieren, ihn zu gefährden, was häufig zu heftiger Wut beim Widerpart führt, je nach dem, wie groß die Toleranz ist, sich kontrollieren zu lassen.

Bei solchen Aktionen hilft das Selbstobjekt Auto, sich mächtig zu fühlen, indem man bei hoher Geschwindigkeit – ganz ähnlich wie im Internet – anonym bleiben kann, da in einer solchen Situation es kaum jemand schafft, auf das Kennzeichen des anderen zu achten. Es ist also möglich, seinen ganzen Hass, weil man sich so klein und unwichtig fühlt, per Anschlag auf das Leben anderer auszuleben. *Dass* man mit solchen und anderen Fahraktionen das Leben anderer und auch das eigene massiv gefährdet, wird in der Regel geleugnet.

> (i) **Leugnung** ist ebenfalls ein psychischer Vorgang, genauer ein Abwehrmechanismus, bei dem wir zwar einen Vorgang, ein Phänomen wahrnehmen (»Rauchen verursacht Lungenkrebs«), dieses aber *in seiner emotionalen Bedeutung schlicht nicht anerkennen* (»Bei mir nicht, ich rauche ja nicht so viel!« Oder: »Meine Zigarettenmarke ist nicht so schädlich ...«).

Das heißt, dass die betreffenden Autofahrer sehr genau *wissen*, was sie da tun, aber die *emotionale Bedeutung* ihres Tuns ausklammern, nämlich dass sie, wenn es schlecht läuft, im Begriff sind, den Tod eines Menschen verantworten zu müssen. Dieser Mechanismus funktioniert leider so sehr, dass es Leute gibt, die mit 200 km/h Autorennen in der Stadt fahren und das Gericht glauben machen wollen, sie hätten nicht ernsthaft damit gerechnet, dass sie mit dieser Tat jemanden umbringen könnten.

Den Wunsch nach dem Ausleben oder besser dem Austoben der Aggression und der Gewaltbereitschaft hat die Autoindustrie schon längst aufgenommen und umgesetzt. Die Auto-Aggression zeigt sich zum Beispiel im Design der Fahrzeuge wie etwa den Kühlerhauben. Sie *wirken* nicht nur aggressiv auf uns, wenn wir sie im Rückspiegel unter dem Blitzlichtgewitter der Schweinwerfer auftauchen sehen, sie *sollen* auch so wirken. Jüngstes Beispiel ist die sogenannte »Monsterniere« des 4er BMW Coupé, dessen »aufsehenerregende Leistung den Adrenalinspiegel steigen« lasse und das »eine Aura der Unerreichbarkeit, die es im gleichen Augenblick umso anziehender macht«, versprühe. Aha! »Die markante Front mit der einzigartigen BMW-Doppelniere betont maximale Eigenständigkeit.«[8] Was soll man dazu sagen: Eine viel asozialere Haltung kann man sich in diesem Zusammenhang kaum vorstellen.

Paolo Tumminelli, Professor für Designkonzepte, befasst sich intensiv mit diesem Thema, er diagnostiziert bei Autobauern eine »Ästhetik der Angst«. Autos würden von Männern und Frauen dann bevorzugt, wenn sie »maskulin, muskulös und generell einschüchternd« wirkten.[9] Dieser Charakterzug der Deutschen ist also längst bei den Autobauern, Designern und Werbefachleuten angekommen. Die Werbung versteht ihr Handwerk, unsere unbewussten Wünsche zu lesen oder sie zu wecken. Sie beherrscht die hohe Kunst der Verführung.

Die Diagnose, der Umgang der Deutschen mit dem Auto sei »neurotisch«, kommt neuerdings von Jürgen Trittin. Das Verhältnis der Deutschen zum Auto bezeichnete der Grünen-Politiker als »eine kollektive Neurose, vergleichbar mit der, die Amerikaner mit dem freien Zugang zu Schusswaffen haben.«[10]

Da ist etwas dran! Tatsächlich betrachten es sehr viele Amerikaner als eine Einschränkung ihrer Bürgerrechte und ihres Daseins überhaupt, wenn sie nicht mehr einfach an jeder Ecke sich mit Munition eindecken oder im Supermarkt ein Gewehr kaufen könnten. Wir Deutschen empören uns gern und oft darüber, insbesondere nach einem der vielen Amokläufe in den USA. Dass wir aber auch unsere Autos häufig wie eine Waffe einsetzen, also als ein Mittel, Gewalt auszuüben, uns größer erscheinen zu lassen, als wir sind, und dadurch Macht über andere ausüben, sehen wir nicht so gern. Verfolgt man die Und-täglich-grüßt-das-Murmeltier-Diskussion um Tempolimits auf deutschen Autobahnen, klingt es mitunter auch so, als ginge es um eine Beschneidung der Persönlichkeitsrechte, um eine Kasernierung bzw. Kastration des Bürgers, der nur noch mit 130 km/h über die Autobahn schleichen dürfe. In Wahrheit geht es – wie in den letzten Jahren so häufig – nur um das Interesse der Autoindustrie, schnelle Autos zu verkaufen, so wie das der Tabakindustrie, die weiterhin ihre krankmachenden Produkte verkaufen will. Entsprechend wird auch die Werbung eingesetzt, die schon lange nicht mehr darauf gerichtet ist, die Vorzüge eines Produkts vorzustellen, wie etwa »Nichts wäscht weißer als Persil!«. Das ist inzwischen unwichtig, weil heutzutage alle Waschmittel weiß oder weiß genug waschen können. Was die Werbung suggeriert, ist, dass wir uns *besser fühlen,* wenn wir dieses oder jenes Produkt kaufen. Unser Prestige wird angehoben, wenn wir dieses Produkt besitzen, wir sind dann so gut aussehend, so gut gelaunt und haben so viele Freunde wie die Menschen, die das Produkt im Fernsehen oder sonst wo bewerben. Das heißt: Die Werbung (nicht umsonst gibt es Werbepsychologen) richtet sich an unseren – uns häufig unbewussten – Narzissmus und suggeriert: Wenn du dieses Produkt kaufst, dann wirst du toller sein als vorher, ganz ohne Anstrengung!

Der Deutsche fährt, um Recht zu haben, meinte Tucholsky.[11] Auch da ist etwas dran! Wenn du sonst im Leben vielleicht nicht viel zu sagen hast, dann a) aber doch wenigstens, wenn du in deinem Auto sitzt? Aber das funktioniert auch umgekehrt: Wenn sonst im Leben alle tun, was du sagst, warum sollte b) das auf der Straße nun plötzlich anders sein? Wenn dann Konstellation a) auf b) trifft? Genau! Das ist die Affektlage, die mitunter auf den Straßen zum Ausbruch kommt und zu beobachten ist. Vermutlich lassen sich kaum irgendwo mehr anthropologische Studien betreiben, denn als Teilnehmerin am Straßenverkehr. Wenn man sich bei einem gemeinsamen Abendessen oder auf einer Stehparty sonst nichts mehr zu berichten weiß, kann man auf das kürzlich Erlebte im Straßenverkehr zurückgreifen. Und das Bemerkenswerte: Sofort sind Affekte im Raum! Offenbar kann es auch noch Monate oder gar Jahre später schwer bis unmöglich sein, sich von den damals erlebten Gefühlen zu distanzieren – ein untrügliches Zeichen für psychisch Unverarbeitetes, so dass es sich lohnt, näher hinzuschauen.

Aber wie macht man das? Die Versuchsanordnung ist schon daher schwierig, weil man als Teilnehmer am zeitweiligen Straßenterror bereits eine sehr eingeschränkte, projektive Wahrnehmung hat.

Was heißt *projektiv*? Eigene Gefühle, die von unserem bewussten Erleben, vor allem von unserem Über-Ich nicht so leicht toleriert werden, werden – um sich von diesen zu entlasten und gleichzeitig gut dazustehen – auf das Gegenüber projiziert (siehe auch die Erläuterung zu »Projektion«, Seite 91 ff.).

Entsprechend sind also *die Anderen* zu schnell unterwegs, während man selbst mit 65 km/h durch die Ortschaft gleitet; *die Anderen* fahren aggressiv, rücksichtslos, unbedacht, übervorsichtig oder unkonzentriert. Sicher ist Ihnen auch schon aufgefallen, dass, wenn man es eilig hat und unter Zeitdruck steht, deutlich mehr langweilige, zögerliche und ängstliche Autofahrer unterwegs sind? Hingegen, wenn man mehr Zeit hat, die Straßen von Dränglern und Eiligen voll sind.

Im Straßenverkehr begegnen wir also – wie auch sonst im Leben – der Differenz; andere sind anders als ich und wollen anderes. Sie haben andere Autos, fahren schneller oder langsamer. Wir müssen diese menschliche Tatsache bei unseren Überlegungen mitbedenken.

Dennoch gibt es Beobachtungen, die man auf seinen täglichen Fahrten machen kann, die die meisten von Ihnen sicherlich bestätigen würden: die Autobahn, eine Fundgrube für Begegnungen mit dem Neurotischen. Vermutlich haben Sie das auch schon erlebt: Ein Auto fährt vor Ihnen her, langsamer als Sie. Sie setzen zum zügigen Überholen an, doch plötzlich wird das vor Ihnen fahrende Auto auch immer schneller. Manchmal sogar so schnell, dass es fast auf das nächste auffährt und abbremsen muss. Solche Szenen erlebt man recht häufig – das ist aus unserer Perspektive ganz wunderbar neurotisch.

Der Überholte spürt, dass er zurückbleiben soll, und kann das von jetzt auf gleich nicht aushalten. Wie kommt es dazu? Zuvor war es demjenigen doch gar nicht wichtig, schneller zu fahren, erst als Sie zum Überholen ansetzen, will er es Ihnen gleichtun. Das sind, wenn man so will, kleine *Triebdurchbrüche*: Plötzlich und unvermittelt geht es darum, wer der Stärkere, der Mächtigere ist. Das Auto wird, wenn man so will, ein wandernder Riesenphallus, mit dem man sich potent fühlt. Überholt zu werden kommt einer Potenz- und Ehrabschneidung gleich. Wenn in der Psychoanalyse von »Abschneiden« die Rede ist, vor allem im Zusammenhang mit »Potenz«, dann sprechen wir von »Kastration« und entsprechenden Ängsten davor. Freud hat die Kastrationsangst auch oft sehr konkret verstanden, in dem Sinne, dass in den Fantasien kleiner Jungen die Angst, jemand könnte ihnen den Penis abschneiden oder wegnehmen, sehr konkret erlebt wird. Inzwischen wenden wir den Ausdruck durchaus auch metaphorisch auf alle Bereiche an, in denen sich ein Subjekt depotenziert fühlt, das gilt sowohl für Männer als auch für Frauen. Wird jemand seiner Stellung beraubt, degradiert, in seinen Befugnissen eingeschränkt oder eben »überholt« (oder wird gar ein Mann von einer Frau überholt), so kann das als Beschneidung der eigenen Macht erlebt werden und der- oder diejenige entsprechend mit hoher Kränkungswut reagieren und im Gegenzug *zeigen, was er oder sie hat* (diese Redewendung weist genau auf *ihn*, also den Phallus hin, der beispielsweise durch ein schnelles Auto symbolisiert wird).

Sie halten das für abwegig? Nun, man sollte die Kränkung durch Depotenzierung und die daraus resultierenden starken Gefühle nicht unterschätzen. Solche Kränkungen greifen immer das Selbstwertgefühl, also den *Narzissmus* und damit die persönliche Ehre an. Wenn es um die Ehre geht, dann geht es innerlich schnell um Leben und Tod (man denke an den unsäglichen Ausdruck »Ehrenmord«, ein Widerspruch in sich; ein Mord soll die Ehre wiederherstellen!). Das erklärt auch das Ausmaß der ansonsten nicht erklärbaren Gefühle im Straßenverkehr: nur weil man überholt wird auszurasten?! Eben nicht, weil man »nur« überholt wird, sondern weil das Überholen als Angriff auf den Selbstwert und als Ehrabschneidung verstanden wird.

Das Automobil steht zudem für autonome Mobilität. *Ich* entscheide, wo, wie und wann ich fahre. Deshalb werden Eingriffe in den Autoverkehr, sei es durch andere oder durch den Gesetzgeber, sehr häufig als ein Angriff auf die persönliche Entscheidungsfreiheit erlebt, und zwar in einem ganz grundsätzlichen Sinn. Mit Vernunft hat das wenig zu tun, aber unsere Gefühle richten sich nicht nach der Vernunft, weshalb die allermeisten »Vernunfttipps«, man solle zum Beispiel seine Gedanken kontrollieren, indem man etwas Positives denkt, auch nicht funktionieren.

Noch viel unerfreulicher ist die inzwischen verbreitete Unsitte, bei Unfällen nicht nur zu gaffen, sondern gar Fotos von Verletzten und Toten zu machen und die Rettungskräfte nicht nur zu behindern, sondern sie zu beschimpfen oder gar tätlich anzugreifen. Wie kann man solch ein Verhalten verstehen? Natürlich können auch Psychotherapeuten und Psychoanalytiker nicht in die Menschen hineinschauen, aber sie können versuchen, deren deutlich sichtbares Verhalten zu interpretieren und aufgrund ihres Wissens über psychische Zusammenhänge Hypothesen zu bilden und zu einer eigenen Deutung des Geschehens zu kommen. Das ist legitim. (Ob es sinnvoll ist, diese Deutungen dem anderen mitzuteilen, ist dann wieder eine andere Frage! In der Regel gehört sich das nicht, es sei denn, man wird explizit dazu aufgefordert, wie zum Beispiel im Rahmen einer Psychotherapie.) Ein eigener Erklärungsversuch jedoch, eine Deutung des Sichtbaren, hilft einem häufig, Distanz zum Geschehen zu bekommen und sich selbst nicht so affektiv zu verstricken.

Stellen wir uns also folgende (wahrscheinliche) Szene I vor (Sie sprechen jemanden an, der gerade einen Verletzten filmt): »Ey, du Penner, tickst du noch richtig? Pack dein verdammtes Smartphone weg, sonst zeige ich dich an! Wie blöd kann man eigentlich sein?« Diese Reaktion mag verständlich sein, sie wird jedoch vermutlich nicht zum gewünschten Erfolg führen, eher zu einer Eskalation. Beim anderen und bei Ihnen.

Alternative (unwahrscheinliche) Szene II (Sie sprechen denjenigen an wie folgt): »Sie sollten sich mit Ihrem offensichtlichen und ziemlich ausgeprägten Sadismus lieber mal an anderer Stelle befassen, zum Beispiel in einer therapeutischen Praxis. Vielleicht kann man Ihnen da auch bei Ihrer Angst, in der Bedeutungslosigkeit zu versinken, helfen.« Das wird vermutlich auch zu einer Eskalation führen. Aber eher beim anderen als bei Ihnen. Es könnte zu einer Eskalation kommen, weil Sie den anderen möglichweise gut verstanden haben, der aber gar kein Interesse daran hat, dass seine inneren Motive an die Oberfläche kommen; schließlich bemüht er sich ja gerade sehr darum, dass diese weder anderen noch ihm selber bekannt werden.

Also, Sie sehen schon. Es geht nicht darum, seine Hypothesen unter die Leute zu bringen, aber es könnte durchaus darum gehen, ein solches Verhalten anders als üblich zu interpretieren, indem man mögliche unbewusste Impulse, Ängste, Fantasien und Wünsche mitberücksichtigt. Ein angenehmer Nebeneffekt davon wäre, dass sich solche Hypothesen mit der Zeit herumsprechen.

Denn tatsächlich kann man das Filmen solcher Unfallszenen so verstehen: Es ist wahrscheinlich, dass diese (filmenden) Menschen zum einen an einer enormen Empathiestörung leiden. Sie können sich kaum oder gar nicht in einen leidenden Menschen hineinversetzen, wollen dies vielleicht auch nicht, weil sie dabei eigener erlebter Qual zu nahe kommen könnten. Zum anderen lebt in ihnen ein deutlich ausgeprägter *Sadismus,* die Lust, den anderen zu quälen, zu demütigen, ihm Schmerzen zuzufügen. Es geht dabei darum, *Lust* zu empfinden, erregt zu sein, wenn man einen anderen Menschen dominiert. Nun sagt ja kaum jemand gern von sich, er sei sadistisch veranlagt, solche Impulse und Fantasien werden zu unterdrücken versucht. Hier, in unserer Unfallszene, ist der Sadist in der ihm angenehmen Situation, dass *er* demjenigen ja gar keine Schmerzen zufügt. Der Schmerz ist durch den Unfall bedingt! Jener ist ja nur zur rechten Zeit am richtigen Ort! *Er* tut dem Opfer körperlich ja gar nichts!

Aber natürlich psychisch. Das Filmen einer völlig wehrlosen Person ist deren Bemächtigung. Sie wird ganz konkret *inkorporiert,* einverleibt in das eigene Smartphone, das ohnehin als Vergrößerung der Person seines Besitzers und dessen eigenen Selbst fungiert – ich komme darauf zurück. Als Filmender habe ich auf diese Weise die leidende Person aus der Unfallszene ganz für mich, habe die totale Kontrolle über sie, kann jederzeit über sie verfügen. Das erregt mich (möglicherweise auch sexuell), das gibt mir ein Gefühl von Kontrolle und Macht. Dieses Gefühl benötige ich, um mich als ganz zu erleben.

Außerdem kann der Voyeur anschließend alle möglichen Leute mit seinem Video »beglücken« und sich fühlen wie der rasende Starreporter, der zur richtigen Zeit am richtigen Ort war und eine »Sensation« im Bild festgehalten hat. So kann er sich in die Position eines »Helden« fantasieren und sich bedeutungsvoll fühlen, eine Bedeutung, die ihm in seinem sonstigen Leben wahrscheinlich fehlt. Der Unfall liefert ihm gleich mehrfachen Gewinn: die Lust und Erregung an der Qual des Opfers (für die er nicht verantwortlich zeichnet), das Gefühl der Macht, das Gefühl, bedeutsam zu sein, auf das er aufgrund seines vermutlich geringen Selbstwertgefühls besonders angewiesen ist. Wir haben es hier also mit einer narzisstischen Problematik zu tun. Rettungskräfte, Unfallszenarien, Blaulicht und so weiter üben auf die meisten Menschen einen sehr starken Reiz aus, weil dies mit Bedeutsamkeit, Heldenhaftigkeit und Sensation auf der einen, mit aggressiven, sadistischen Reizen auf der anderen Seite zu tun hat.

Warum ist das neurotisch? Natürlich kann ein solches Verhalten auch im Rahmen einer Persönlichkeitsstörung vorkommen, also einer gravierenden strukturellen psychischen Erkrankung, aber das muss nicht der Fall sein. Tatsächlich reagieren in gleicher Weise auch sonst psychisch eher unauffällige Menschen, Familienväter und -mütter (aber eher Männer), die ihr Leben relativ angepasst führen. Der Reiz, der beispielsweise von einer solchen Unfallsituation ausgeht, ist so stark, weil er einen bestimmten inneren Konflikt der betreffenden Person anspricht. Es geht um sadistische Impulse, die vom Über-Ich wie auch gesellschaftlich abgelehnt werden bzw. verpönt sind. Das heißt, diese Impulse würden – wenn sie bewusst wären – das ohnehin schwache Selbstwertgefühl weiter aushöhlen und müssten in der Regel in der Versenkung gehalten werden. Solche Menschen brauchen andere, um sich besser und größer zu fühlen, auch Unfallopfer, wenn es sein muss, Selbstobjekte eben. Die Anonymität und die Dramatik eines Unfalls erlauben es ihnen, für kurze und durch die Filmaufnahme auch für eine längere Zeit diesen unbewussten Impulsen nachzugeben.

Jetzt könnte man die Nase rümpfen und sagen: »Pfui Teufel, Sadismus! Das ist mir fremd!« Ach ja, und warum gucken Sie dann blutrünstige Krimis? Und warum werden die immer brutaler und blutiger? Warum zeigt die Kamera uns halb verweste, zerstückelte, blutüberströmte, verbrannte Leichen? Warum werden uns immer grausamere Mordmethoden nahegebracht, zum Beispiel auch durch einschlägige und sehr erfolgreiche Krimiautoren? Weil man mit den sadistischen Impulsen im stillen Kämmerlein und gesellschaftlich anerkannt (»Tatort« gucken ist doch angeblich ein Familienereignis) richtig viel Geld verdienen kann, solche Filme werden geguckt und solche Bücher gelesen! Und warum lässt sich mit den Computerspielen, bei denen andere fiktiv massakriert werden, so viel Geld verdienen? Weil der Sadismus in uns sitzt. Die Frage ist dann eher, wie ausgeprägt der ist und wie stark er durch andere Gefühle, Liebe, Freundlichkeit, Zärtlichkeit, Mitgefühl, Empathie, Wertschätzung, an die Leine gelegt werden kann.

Das Auto hat also häufig die Funktion eines Selbstobjekts und soll mit Hilfe seiner Eigenschaften das eigene Selbst vergrößern. Zugleich ist das Auto natürlich auch oft ein *Spiegel des Selbst:* Narzisstische Menschen, die ohnehin schon ein Problem mit der Selbstwertregulation haben, werden also vermutlich eher entsprechend aufgemotzte Autos brauchen. Sie wollen gesehen werden und fahren entsprechend.

Depressive Menschen haben häufig das gegenteilige Problem: Sie würden auch gern wollen, nur dürfen hätten's nicht gekonnt. Der depressive Mensch hat häufig das Gefühl, die schönen Dinge des Lebens stünden ihm nicht zu, er hätte sie sich nicht verdient, wenngleich er sie sich natürlich sehr wünscht. Diese Wünsche muss er aber in sich bekämpfen und sich ein besonderes Auto eher versagen und eine »graue Maus« fahren, also eher ein Auto, das vielleicht so ausschaut, wie er sich fühlt oder sich nur fühlen darf. Hier wird dann häufig *rationalisiert,* also es werden nur die vernünftigen Motive ins Bewusstsein vorgelassen, die unvernünftigen Wünsche bleiben unbewusst, etwa so: Ein solches Auto ist doch viel billiger, viel umweltfreundlicher. Ein Auto ist doch nur ein Gebrauchsgegenstand, um von A nach B zu kommen, Hauptsache, es fährt und so weiter. Unbewusst bleiben hier oft die Wünsche, auch einmal so strahlen zu dürfen, und unbewusst bleibt auch der Neid. Der Neid, nicht auf die, die sich ein vorzeigbareres Auto *leisten können* (das gibt es auch), sondern vielmehr darauf, dass andere Menschen sich das einfach herausnehmen, sich etwas leisten und damit sich auch *potent zeigen dürfen.*

Hysterische Menschen fahren vielleicht ein sehr auffälliges, etwas »verrückt aussehendes« Auto. Ihr Fahrstil neigt ebenfalls zu einer gewissen Expressivität, wie etwa ein Cabrio bei 2 Grad Celsius zu fahren.

Zwanghafte Menschen halten sich – wie nicht anders zu erwarten – sehr genau an die Verkehrsregeln. Wer sollte etwas dagegen haben? Sie pflegen ihr Auto, gern nach einem festen Plan; es sollte nichts darin herumliegen, am besten alles Notwendige an seinem Ort, die Fußmatten werden regelmäßig ausgeklopft (wegen des unheilbringenden Schmutzes von außen). Eher zwanghaft strukturierte Menschen schätzen es gar nicht, wenn sie die Kontrolle verlieren, Unordnung und Unsauberkeit beunruhigen sie. Unter ihnen lassen sich auch die finden, die immer für genau 30 Euro tanken.

Also, halten Sie die Augen auf, es gibt auf Deutschlands Straßen noch viel mehr zu sehen.

Institutionen – Sich wie ein Kind fühlen

»*Hier wird der Deutsche erst richtig heiter:
kein Mensch mehr – nur noch Abteilungsleiter.*«
(*Kurt Tucholsky*)[12]

Institutionen sind in unserem Alltagsleben omnipräsent; es dürfte kaum ein Tag vergehen, an dem wir nicht Kontakt zu der einen oder anderen Institution haben, sei es der Schule, kirchlichen Einrichtungen, der Polizei, dem Finanzamt, einem Gericht, einer Hochschule oder einem Krankenhaus etc.*

Und fast immer scheint es so zu sein, dass Institutionen etwas mit uns machen, wobei unsere Reaktionen sehr unterschiedlich ausfallen können. Man könnte auch sagen, wir *nutzen* Institutionen auf je unterschiedliche Weise, um mit ihrer Hilfe unsere neurotischen Spannungen, ungelöste frühe (wir sagen auch: infantile) Konflikte zur Aufführung zu bringen und uns auf diese Weise zu entlasten.

Ein häufiges Phänomen: Wir betreten eine Institution, zum Beispiel die Bundesagentur für Arbeit, das Finanzamt oder ein

---

* In der Soziologie wird zwischen Institution und Organisation unterschieden, wobei die Unterscheidung nicht immer genau getroffen werden kann. Die Institutionen bilden den normativen Rahmen für die Organisationen. Organisationen sind soziale Gruppen, die gemeinsame Ziele erreichen wollen. Wenn man so will, ist die Organisation eine Art Untereinheit der Institution, in deren Rahmen sie sich konstituieren kann. Beispiele: Demnach wären das Gericht, die Kirche oder die Schule Organisationen, das Rechtssystem, die Religion oder das Bildungssystem die übergeordneten Institutionen. Alltagssprachlich reden wir aber dennoch von der Kirche, der Schule oder auch dem Gericht als Institution, vermutlich deshalb, weil die Institution eigentlich ein Abstraktum ist, das erst durch menschliches Handeln in Form von Organisationen konkretisiert und mit Leben erfüllt wird (vgl. Gukenbiehl 2016).

anderes Amt und es passiert oft, dass wir uns nicht zurechtfinden, uns verlaufen, nicht die Personen finden, die wir sprechen wollen. Auf geheimnisvolle Weise verlieren wir plötzlich die Orientierung und werden unsicher. Vielleicht scheuen wir uns nach dem Weg zu fragen.

Oder wir kommen in ein Krankenhaus und vergessen Fragen zu stellen, die uns wichtig sind, oder das, was ein Arzt uns gesagt hat. Nicht wenige Menschen haben von vornherein Angst, eine Institution aufzusuchen, sie verschieben den oft notwendigen Termin ein ums andere Mal. Es scheint, als müsse für den Besuch einer Institution oftmals erst eine Schwelle überwunden werden. Diese Schwelle gründet zum einen auf den je unterschiedlichen biografischen Erfahrungen und Eigenschaften der Menschen, zum anderen auf dem Umgang der Menschen, die diese Institutionen vertreten, mit uns Bürgern. Es kommt ja nicht von ungefähr, dass manche Gemeinden »Bürgerfreundlichkeit« zum Programm erhoben haben.

Ein Beispiel aus meiner Heimatstadt mit der Institution *Post*: Die Post ist offiziell »umgezogen«, praktisch bedeutet dies, dass sie ihr Angebot und ihren Service reduziert hat. Die Kundenschlange steht nun bis auf die Straße (vorher passte sie noch in das Gebäude) und die Wartezeit kann locker mal 30 bis 45 Minuten betragen. Plötzlich hört man aus dem Gebäude ein Geschrei, einen nachvollziehbaren Affektausbruch, denn nachdem jemand (überwiegend draußen) eine halbe Stunde angestanden hatte, fand er (drinnen) am Schalter ein Schild vor, dass das Paket, das nach Auskunft auf der Abholkarte heute abzuholen sei, nun doch erst morgen bereitstehen würde. Die Affektinkontinenz des Kunden ergibt sich aus dem wahrlich nicht nachvollziehbaren Umstand, dass diese wesentliche Information erst *nach* dem Anstehen erkennbar ist und nicht schon vorne *vor* der Tür. Aber nein!

Diese kleine Episode zeigt, dass das Agieren von Institutionen sich hervorragend eignet, um Neurosen bei der Arbeit zuzusehen. Das gilt nicht nur für die Kunden, sondern zeigt auch, dass innerhalb der Institution manches Neurotische zur Aufführung kommt. Ein solches Schild auf diese Weise und an diesem Ort aufzustellen ist von einer echten Aggression kaum zu unterscheiden, würden wir aus psychoanalytischer Sicht ironisch konstatieren.

Ich nehme an, dass viele von uns mit der Institution Post schon ähnliche Erfahrungen gemacht haben. Man könnte natürlich sagen, so zu handeln, sei eine schlichte Unüberlegtheit, aber da sind wir Psychoanalytiker tatsächlich misstrauisch. Wir würden hier eher von einer *Fehlleistung* sprechen, das heißt, von einem Verhalten, das oberflächlich formal »richtig« sein will, aber »aus Versehen« ein unterdrücktes, unbewusstes Gefühl sichtbar werden lässt. In unserem Beispiel also vielleicht die Tendenz, Macht zu genießen, auch die Macht, andere ein bisschen zu ärgern oder gar zu quälen. Dann muss man sich als Schalterbeamter nicht so klein oder ohnmächtig fühlen. Dies ist ein Beispiel für den durchaus auch vorrätigen (meist unbewussten) Sadismus in Institutionen.

Die Frage, was genau eine Institution ist, was sie ausmacht, beschäftigt die Soziologie, aber auch die Ökonomie, die Philosophie und die Psychologie. In vielen Definitionsansätzen spielen Regeln im Zusammenhang mit Institutionen eine bedeutsame Rolle. Der Ökonom Douglass North sprach von Institutionen als »Spielregeln der Gesellschaft«, als »von Menschen erdachte[n] Beschränkungen menschlicher Interaktion«.[13] Sie geben bestimmte Verhaltensregeln vor und sollen dadurch Sicherheit schaffen. Der Soziologe Esser versteht Institutionen als eine »Erwartung bestimmter Regeln, die verbindliche Geltung beanspruchen«.[14] Institutionen fungieren damit als ein Bindeglied oder eine Art Adapter zwischen den Ansprüchen und Bedürfnissen des Individuums auf der einen Seite und denen der Gesellschaft auf der anderen. *Kontakt* zur jeweiligen Institution haben wir in Form unserer Fantasien (denken Sie etwa an das Finanzamt oder das Arbeitsamt) und in Form ihrer jeweiligen konkreten »Verkörperung«, Gebäuden, dem dort arbeitenden Personal, Internetauftritten und Verordnungen oder Gesetzen, die wir einhalten sollen.

Institutionen haben für uns drei wesentliche Eigenschaften:
- sie kontrollieren uns,
- sie beschränken uns,
- sie sind in der Lage, uns zu sanktionieren.

Und diese Eigenschaften lassen in unserer Psyche – je nach individueller Erfahrung und persönlicher Geschichte – die Alarmglocken in unterschiedlicher Penetranz läuten. Denn woher kommen uns diese Eigenschaften wohl bekannt vor?

Genau! Aus der Zeit, als wir Kinder waren und von unseren Eltern kontrolliert, beschränkt und im Zweifel auch sanktioniert worden sind. Und schon damals hat das höchst unterschiedliche Affekte ausgelöst. Regeln sind etwas Zweischneidiges: Sie schaffen Sicherheit, aber auch Einschränkungen, das heißt auf der emotionalen Seite gute und schlechte Gefühle. Wenn man so will, sind unsere Eltern die erste »Institution«, mit der wir es in unserem jungen Leben zu tun bekommen.

Wir haben es also mit einem Machtgefälle, mit einer *asymmetrischen Beziehung* zu tun. In einer solchen hat eine Seite mehr Macht – gefühlt oder fantasiert (!) – mehr Kompetenz und mehr Verantwortung. Alles zusammen führt zu einem Abhängigkeits- und damit Machtgefälle. Dieses Gefälle generiert sich in fast all unseren Kontakten mit Institutionen. Und dann geschieht etwas Merkwürdiges: Wir geraten oft, wie in einer Art Express-Zeitmaschine, emotional zurück in einen Zustand unserer Kindheit, als wir es mit der Institution *Eltern* zu tun hatten. Um dies genauer zu verstehen, und das lohnt sich wirklich, brauchen wir zwei genuin psychoanalytische Fachbegriffe: den der *Übertragung* und den der *Regression*. Gleichwohl ist es ein Jammer, dass dieses Wissen in den jeweiligen Institutionen so wenig bekannt ist. Besonders wertvoll wäre es für die Kollegien von Schulen und Krankenhäusern, aber darauf komme ich noch zurück.

> (i) Der Begriff der **Übertragung** stammt aus der psychoanalytischen Therapie. Aufgrund der psychoanalytischen Technik und auch wegen der häufigen Treffen von bis zu drei-, manchmal auch viermal in der Woche tritt die Beziehung zwischen dem Patienten und der Psychoanalytikerin mehr und mehr in den Mittelpunkt. Dabei erleben die Patienten häufig Gefühle, Fantasien, Einstellungen und Abwehrhaltungen gegenüber der Therapeutin, die auf früheren, inzwischen unbewussten Erlebnissen mit den primären Bezugspersonen beruhen. Die intensive Beziehung ist zugleich eine asymmetrische Beziehung. Die Therapeutin hat die therapeutische Kompetenz, fühlt sich – in der Regel – nicht so abhängig wie der Patient, sie ist die »Expertin«, während der Patient an Symptomen leidet und Hilfe erhofft, zudem ist er oft verunsichert und hat Angst. Plötzlich hat der Patient ähnliche Gefühle von Angst, Wut, Misstrauen, Zuneigung oder Liebe, wie er sie früher seinen Eltern gegenüber hatte, wie damals fühlt er sich in ähnlicher Weise gesehen oder eben nicht, ohne zunächst bewusste Erinnerungen an bestimmte konkrete Szenen haben zu müssen.
>
> Häufig tauchen zunächst sehr intensive Gefühle auf, die sich jetzt – es ist ja kein anderer da – auf die Therapeutin beziehen. Die Gefühle führen oft dazu, dass die Therapeutin verzerrt wahrgenommen wird. Dinge, die sie tut oder lässt, bekommen eine hohe, übergeordnete Bedeutung, der Patient bezieht vieles auf sich. So können Patienten beispielsweise massive Eifersuchtsgefühle erleben, wenn sie sehen, wie ein anderer Patient die Praxis verlässt. Und das ist so, obwohl sie intellektuell selbstverständlich wissen, dass ihre Therapeutin nicht nur einen Patienten hat. Trotzdem *erleben* sie unter

Umständen nagende Eifersuchtsgefühle. Und das ist oft gar nicht leicht auszuhalten, eben weil der Intellekt sagt: »Mann, na klar therapiert sie nicht nur dich! Was soll das denn?« Entsprechend werden solche Gefühle schamhaft erlebt, weil man zunächst ihren Ursprung nicht versteht, denn sie sind hier aus einer früheren Beziehung, aus einem früheren Erleben auf die aktuelle Beziehung *übertragen* worden. Dieses Phänomen zeigt sich natürlich nicht bei allen Menschen in gleicher Weise. Es gibt jene, die sich gegenüber Geschwistern stark benachteiligt erlebten (und auch oft benachteiligt worden sind) und die entsprechend leicht eifersüchtig reagieren. Es gibt aber auch solche, die sich durch Geschwister geschützt gefühlt haben und die daher vielleicht eher beruhigt sind, wenn sie sehen, dass ihre Therapeutin sich nicht nur auf sie konzentriert.

Neben solchen Ängsten und Befürchtungen werden aber auch *Wünsche* wach, und zwar *Beziehungswünsche,* die vielleicht in der Beziehung zu den Eltern unbefriedigt geblieben sind: Wünsche danach, gesehen zu werden, als Person anerkannt, geschätzt, geliebt zu werden, Wünsche danach, für die Eltern bedeutsam zu sein, diese stolz zu machen, von ihnen geschützt und gewollt zu sein, von ihnen begleitet zu sein, deren Interesse zu fühlen und vieles mehr. Nicht gestillte Wünsche bleiben in uns immer lebendig und suchen nach Erfüllung. Haben wir also viel entbehrt, sind viele Wünsche unbefriedigt geblieben oder sehr stark, so laufen wir gewissermaßen chronisch suchend durch die Welt auf der Suche nach einem Menschen (wir sagen: einem Objekt), der bereit ist und uns geeignet erscheint, diese zu erfüllen. Und dann landen wir bei einer Therapeutin oder einem Therapeuten, die sich dafür anbieten. Wir *übertragen* also unsere Wünsche! Geschieht das in einer Therapie, dann kann man diese Ängste und Wünsche, die oft unbewusst bleiben, aber unser Handeln (zum Beispiel bei der Partnersuche) bestimmen, überhaupt erst kennenlernen, weil sie bewusst werden. Dann können wir versuchen, Ängste abzubauen und die realistische Erfüllung unserer Wünsche zu suchen. Manche Wünsche können in der Therapie erfüllt werden: zum Beispiel die, verstanden und gesehen zu werden, jene nach Interesse und auch nach Zuwendung und einem gewissen Maß von Fürsorge. Andere müssen sich in anderen Beziehungen erfüllen, aber man weiß dann bestenfalls, wonach man sucht. Und von wieder anderen Wünschen müssen wir uns trennen und das Ausbleiben, den Verlust der Erfüllung betrauern.

Nun geschieht aber ein solcher Übertragungsprozess eben nicht nur in der therapeutischen Beziehung, sondern *auch in sämtlichen anderen Beziehungen*, mal mehr, mal weniger. Je größer die unbewussten Ängste und Wünsche des Einzelnen sind, desto intensiver. In anderen Zusammenhängen, in anderen Beziehungen, zum Beispiel innerhalb von Institutionen, werden sie aber häufig nicht verstanden und können für reichlich Verwirrung und Chaos sorgen.

Übertragungen sind also Bedeutungszuschreibungen; diese können positiver Art sein, wir sprechen dann von *positiven Übertragungen*, oder negativ, dann sprechen wir von *negativen Übertragungen*. Sie bestimmen unser Verhältnis zu anderen Menschen und auch zu Institutionen. Dies drückt sich u. a. darin aus, wie viel Vertrauen wir unterschiedlichen Institutionen, die für unterschiedliche Aspekte unserer Beziehungserfahrungen stehen, entgegenbringen.

Viele Deutsche haben großes Vertrauen zur Polizei (80 Prozent), unserem »Freund und Helfer«, wie es so schön heißt, und zu Ärzten (80 Prozent). Auch Universitäten (77 Prozent) und das Bundesverfassungsgericht (74 Prozent) stehen hoch im Vertrauenskurs. Bei Bundeswehr (45 Prozent), Gewerkschaften (44 Prozent) und Presse (43 Prozent) sieht es schon schlechter aus, bevor es bei Banken (19 Prozent) und Versicherungen

(18 Prozent), der katholischen Kirche (14 Prozent) und Managern (9 Prozent) dann ganz düster wird. Zum Teil ergeben sich diese Einschätzungen aus persönlichen Erfahrungswerten, die Einzelne mit den entsprechenden Menschen oder Institutionen gemacht haben. Zu einem nicht unwesentlichen anderen Teil handelt es sich um positive oder negative *Übertragungen* unsererseits auf Institutionen. Aber mal ehrlich: Wer hatte schon direkt mit dem Bundesverfassungsgericht zu tun?[15]

Folgen wir diesen Angaben, gehen wir also meistens bereits mit bestimmten bewussten Erwartungen, um nicht zu sagen »Vorurteilen«, in den Kontakt. Und nicht eben selten hat das dann auch Auswirkungen darauf, wie dieser letztlich real ausfällt. Aber wenn wir es mit Institutionen zu tun bekommen, passiert noch etwas anderes.

Die Vertrauensskala sagt, wir haben zu Polizisten und Ärzten überwiegend großes Vertrauen. Aber wie kommt es dann, dass uns durchaus ein mulmiges Gefühl beschleichen kann, wenn wir in eine Polizeikontrolle geraten, selbst dann, wenn wir uns keiner Schuld bewusst, aber doch irgendwie sofort auf der Suche danach sind? Wieso sind wir leicht angespannt, wenn ein Polizeiwagen vorfährt? Oder wie ist dann der »Weißkittel-Effekt« auf unseren Blutdruck zu erklären, wenn dieser in der Arztpraxis gemessen wird und höher ausfällt als sonst? Und das alles, obwohl wir doch so viel Vertrauen haben! Offenbar mischen sich da noch andere Gefühle ein. Polizei und Ärzte sollen in der Regel helfen, wenn man in Not ist. Gerade in einer solchen Situation neigen wir zu einer besonderen psychischen Operation: der *Regression*.

> ⓘ Die **Regression** bezeichnet einen psychischen Vorgang, bei dem ein Individuum oder auch eine Gruppe von einem schon erreichten psychischen (erwachsenen) Funktionsniveau auf ein lebensgeschichtlich frühes, kindliches (wir

sagen auch: infantiles) Niveau des Denkens, Fühlens oder Handelns zurückfällt (re-grediert). Im Kapitel über Smartphones werden wir uns im Rahmen der *Symbiose* mit unseren ersten Lebensmonaten beschäftigen. Grob zusammengefasst haben wir in unseren ersten Lebensjahren drei wesentliche Aufgaben zu lösen: die Unterscheidung von
1. Innen und Außen
2. Ich und Nicht-Ich, Ich und Du, Ich und die anderen
3. Gut und Böse

Bei der Unterscheidung von Gut und Böse steht bald noch eine weitere schwere Aufgabe an: Anfangs halten wir beides sauber getrennt: entweder gut oder böse! Was böse ist, kann nicht gut sein. Eine wesentliche Entwicklungsaufgabe besteht in der Einsicht, dass es ein *Sowohl-als-auch* gibt, dass ein und derselbe Mensch gute *und* böse Seiten, Eigenschaften haben kann, wie man selbst auch. Wir sprechen hier von *psychischer Integration*. Zu dieser Integration gehört es auch, dass wir – zumindest durch Nachdenken – erkennen können, was innen und was außen ist, dass wir zum Beispiel schlecht über jemanden denken oder auf jemanden neidisch sind, diese Gefühle also von innen kommen, nicht von außen, es also nicht so ist, dass der andere schlecht redet und neidisch ist.

Es ist schon eine Menge Arbeit, diese Entwicklungsschritte gut zu bewältigen, wir brauchen dafür lange und benötigen viel Hilfe. Aber dennoch: Selbst dann, wenn wir diese Unterscheidung eigentlich beherrschen, kann es Situationen geben, in denen wir wieder in das Entwicklungsstadium zurückfallen, in dem wir noch nicht differenzieren und integrieren konnten. In der Sprache der Psychotherapie sagen wir: Wir *spalten*. Die Welt wird wieder aufgeteilt in Schwarz und Weiß, zugleich verschwimmt, ob Bedrohungen von innen oder von außen kommen und dass es Unterschiede zwischen mir und dem anderen geben darf, geben muss, ohne deswegen in ihm einen Feind zu sehen. Das aber genau geschieht, wenn wir regredieren. Wir brüllen plötzlich primatenhaft im Stadion herum »Schiedsrichter raus«, weil der vielleicht ein (oder zwei) Fehlentscheidungen getroffen hat, obwohl er 88 Minuten lang fehlerfrei agiert hat. Wir haben das Gefühl, Menschen, die in unser Land kommen, wollen uns nur Schlechtes, wollen uns ausrauben, uns alles wegnehmen, obwohl vielleicht eher wir den anderen Schlechtes wollen, anderen etwas wegnehmen wollen. Psychotherapeuten nennen dieses Phänomen *Projektion*. Oder wir werden in einem Gespräch mit dem Lehrer unserer Tochter plötzlich trotzig und aggressiv, fehlt nur noch, dass wir mit dem Fuß aufstampfen und »Ich will aber« schreien, weil *wir* uns schlecht bewertet fühlen und uns nicht mehr klar ist, dass die Leistung unserer Tochter bewertet wird. Oder wir klammern uns, halb verrückt vor Angst, an mögliche tröstende Worte eines Arztes und warten, wie ein Kind auf seinen Vater, auf die Visite. All das sind regressive Phänomene.

Und dann kommt eines zum anderen: Geraten wir in einen regressiven Sog, werden wir also plötzlich wieder ganz klein, dann neigen wir auch dazu, stärker zu übertragen. Und übertragen wir sehr, dann regredieren wir meistens auch. In einen solchen regressiven Sog geraten wir besonders dann, wenn wir Angst oder Schmerzen haben, verletzt, sehr hilfsbedürftig oder gar in einer existenziellen Krise sind, wenn wir unter Schock stehen, verunsichert sind, uns in asymmetrischen Beziehungen befinden, in denen der andere so viel mächtiger erscheint – aber auch, wenn wir träumerisch unterwegs sind, uns entspannen, spielen oder in einer großen Gruppe unterwegs sind, Alkohol trinken oder andere Suchtmittel zu uns nehmen oder einfach nur sehr müde und erschöpft sind.

Regressionen gibt es in guter und in maligner Form. Die gute Form ist eine, in der wir gewissermaßen ein bisschen

> Pause vom Erwachsenen-Ich machen und spielerisch, träumend in den Tag hineinleben, zum Beispiel beim Musikhören oder Lesen oder Spazierengehen. Die schlechte, die maligne Form ist eine, bei der wir uns weigern, wieder in die Verantwortung des Erwachsenenlebens zurückzukehren oder sie überhaupt erst erreichen zu wollen, gewissermaßen innerlich, psychisch darauf beharren, unser ganzes Leben lang müsste für uns gesorgt werden, ohne dass wir etwas für unser Wohlbefinden tun. Es ist das Beharren darauf, in einer symbiotischen Welt der Allmacht zu bleiben, unseren Affekten freien Lauf zu lassen, ohne diese verantworten zu müssen.

So, das war jetzt viel Theorie, liebe Leserin, lieber Leser, aber die ist wirklich hilfreich, um den normalen Neurosenalltag in Institutionen zu verstehen. Betreten wir zum Beispiel das *Finanzamt*, weil wir vielleicht mit einem Steuerbescheid nicht einverstanden sind, uns womöglich auch noch fast existenziell bedroht fühlen, weil »die« auf einmal so viel Geld von uns haben wollen, dann sind wir in keiner guten Verfassung.

Wir begeben uns in eine asymmetrische Beziehung, denn das Finanzamt, das heißt, der Staat setzt seine Forderungen bekanntermaßen kompromisslos durch. Die Macht ist offensichtlich ungleich verteilt. In der Regel, wenn wir nicht gerade Steuerberater sind, wissen wir kaum, und fühlen uns entsprechend unsicher, »welchen Paragrafen *die* da wieder vorkramen«. Wir sind wütend, weil wir uns unsicher und unwissender fühlen als unser Gegenüber im Amt. Vielleicht haben wir aber auch Angst, die für Herzrasen sorgt und uns Schweißausbrüche beschert. Und so betreten wir dann ein so nüchternes, funktionales Gebäude, das ganz offenkundig Desinteresse an unserem Befinden ausstrahlt. Das Finanzamt tritt in einem solchen Moment als »Autorität« auf, und je nach dem, wie unsere frühen Konflikte mit »Autoritäten« ausgegangen sind, haben wir bestimmte Prädispositionen in Bezug auf unsere Reaktionen und regredieren, benehmen uns also unter Umständen eher wie ein Kind, weil wir auf unsere erwachsenen Funktionen gerade keinen rechten Zugriff haben. Haben wir als Kind viel Angst vor den Eltern gehabt? Haben wir uns oft sehr ungerecht behandelt gefühlt? Obwohl wir uns doch immer so angestrengt haben, waren die Eltern nie richtig zufrieden?

Dann sind wir vielleicht schon entsprechend »aufgeladen«, wenn wir das Gebäude betreten, haben das Gefühl, ungerecht behandelt zu werden, das Gefühl, uns soll etwas weggenommen werden, das wir behalten und verteidigen wollen. Entsprechend kann es dann zu Aggressions- oder Wutausbrüchen kommen, wie im Juli 2019 in Wiesbaden, als ein Mann mit Bürostühlen um sich warf.

Häufig ist es die Ohnmacht, die den Wutpegel so sehr ansteigen lässt, das Gefühl des Ausgeliefertseins, unterworfen zu werden, was dann sehr schwer auszuhalten ist. Menschen versuchen in solchen Situationen wieder in eine aktive Position zu kommen, um sich vom Gefühl der Passivität, der Ohnmacht zu befreien und sich nicht so ausgeliefert fühlen zu müssen. Manch einer versucht dies, indem er viele Briefe an das Finanzamt schreibt (Schreiben ist aktives Tun!), Urteile des Finanzgerichts durchforstet oder zu ganz drastischen Mitteln greift wie ein Amerikaner im Bundesstaat Virginia: Dieser fühlte sich zu Unrecht mit der Nachzahlung auf seine Kfz-Steuer konfrontiert, weil er zunächst guten Willens eine offene Sachfrage versucht hatte zu klären. Für diese Frage hatte sich aber kein Sachbearbeiter zuständig gefühlt. Den Prozess vor Gericht verlor er anschließend. Also Ohnmacht pur!

Seine Lösung: Er heuerte elf Leute an, die mit ihm zusammen Penny-Rollen auspackten, um dann die fälligen 2800 Dollar in fünf Schubkarren, insgesamt 725 Kilogramm, zum Finanzamt zu fahren. Dieses Vergnügen kostete ihn 840 Dollar zusätzlich, was ihm aber offenbar seine auf diese Art wiedergewonnene Gefühlshomöostase wert war. Rache belebt, weil sie einem das Gefühl gibt, nicht passiv ausgeliefert und ohnmächtig zu sein. Dieser emotionale Gewinn kann manchmal wichtiger sein als finanzieller Verlust.

Auf der anderen Seite wird vermutlich kaum jemand zufällig Finanzbeamter. Auch für diesen Beruf ist eine bestimmte Struktur, Genauigkeit, Ordentlichkeit, wir sagen eine gewisse Zwanghaftigkeit von Vorteil und eben daher auch nicht eben so selten im Finanzamt anzutreffen. Diese Haltung kann bei Menschen, »Kunden«, die sich durch Regeln schnell gegängelt und bevormundet fühlen, einen geradezu kindlichen Trotz auslösen, mit dem sie sich auf einer objektiven Ebene eher schaden, sich subjektiv aber (zunächst) besser fühlen.

Selbstverständlich findet man die beschriebenen Konstellationen nicht nur in Finanzämtern, sondern in vielen *Behörden* vor, eben weil das Macht-Ohnmacht-Gefälle scheinbar von Anfang an festzustehen scheint. In der Behörde begegnet uns »Vater Staat«, in diesem Fall mit all seiner Autorität, sei es bei der Kfz-Zulassungsstelle, im Einwohnermeldeamt, bei der Agentur für Arbeit oder im Gericht. Nicht selten tragen Menschen ihre in Kindheit und Jugend nicht gelösten *Autoritätskonflikte* später in Behörden oder auch mit ihren Chefs aus, indem sie opponieren, widerständig sind, Aufforderungen nicht nachkommen, Anschreiben ignorieren etc. Solches Verhalten im Kontakt mit Behörden ist schwierig, weil *dysfunktional* und dort auch nicht der Raum ist, in dem derartige Konflikte zu lösen wären. In den allermeisten Fällen schadet man sich mit solchem Verhalten selbst und es bringt auch nicht wirklich eine Erleichterung.

Die Behördenvertreter geraten in bestimmten Szenen unbewusst in die Rolle des Vaters oder der Mutter. Wir *übertragen* zum Beispiel unseren Wunsch nach Anerkennung, danach, etwas zu bekommen, haben es aber unter Umständen mit einem gestressten oder per se eher unempathischen Behördenvertreter zu tun, und wir werden pampig; man streicht uns einen Zuschuss oder verweigert uns ein Formular, und wir werden wütend; aus unserem Wunsch, Recht zu bekommen, wird nichts, und wir verzweifeln; oder wir haben Angst und verhalten uns zu defensiv und machen unsere Wünsche oder Ansprüche gar nicht erst deutlich, lassen uns zu schnell abwimmeln.

Entscheidend ist, dass *die Intensität* unserer Gefühle, die Heftigkeit der Kränkung, des Ärgers, der Angst oder der Verzweiflung für einen objektiven Beobachter eher unangemessen erscheint. Da bekommt jemand nicht gleich das richtige Formular und brüllt herum oder wir trauen uns vor lauter Angst nicht, nach dem richtigen Weg zu fragen, weil wir fürchten, der Gefragte könnte ärgerlich reagieren und mag uns dann nicht. Hier haben wir es mit Regressionen und Übertragungen zu tun. Die *Art* des Gefühls passt, etwa der Ärger darüber, dass der Behördenvertreter unhöflich ist oder eine falsche Auskunft gibt. Das *Ausmaß* des Gefühls aber gehört eigentlich woanders hin, nämlich zu früheren Bezugspersonen, mit denen bestimmte heftige Konflikte bis heute nicht geklärt und daher permanent virulent sind. Sie brechen in Situationen auf, die sich so ähnlich anfühlen, eine ähnliche Atmosphäre verbreiten wie *damals*.

Schulen

Eine weitere Institution, die aus vielen Gründen zu regressivem Verhalten einlädt und in deren Umfeld entsprechend allerlei neurotische Phänomene zu beobachten sind, ist die *Schule*.

Hier sorgen Räume, Interieur, Geruch, anwesende Lehrer, überhaupt die gesamte Atmosphäre offenbar bei den allermeisten Erwachsenen für eine Art »Blitzregression«. Bei einem Elternabend, wenn erwachsene Menschen auf dem Miniaturgestühl der Grundschüler an deren Tischchen sitzen, stellt sich offenbar schnell eine Schulklassendynamik mit den entsprechenden zu besetzenden Positionen und Rollen ein. Die Klassenlehrerin hat kaum mit der Tagesordnung begonnen, da sind sie schon alle erkennbar: der »Klassenclown«, der seine Witzchen macht, der »Streber«, der sehr gut vorbereitet ist und gewissenhaft mitschreibt, der »Angeber«, der meist alles besser weiß, der »Gelangweilte«, der sich hinflegelt und offenkundig desinteressiert ist und womöglich auf sein Handy starrt, der »Spieler«, der dauernd etwas anderes macht, und der »Klassensprecher«, der sich auch für das Amt des Elternvertreters anbietet. Manchmal ist das komisch, manchmal nervig. Relativ typisch daran ist, dass die Betreffenden diese Dynamik in der Regel, jedenfalls nicht so schnell, bemerken, die Umgebung aber schon. Die Schule und die Gruppe üben einen starken Regressionsreiz auf die Teilnehmenden der Veranstaltung aus, die anwesenden Lehrer häufig einen starken Übertragungsdruck. Ohne dass es ihnen bewusst ist, beziehen sich die Erwachsenen in ihren Äußerungen auf die anwesende »Autoritätsperson«; diese Bezugnahme kann auch darin bestehen, dass man deren Autorität versucht zu untergraben. Es ist erstaunlich, wie schnell sich eine solche Dynamik bei einem Elternabend oder einem Schul- oder Klassenfest einstellen kann.

Das gleiche Phänomen kennen Lehrer, die ihre ehemaligen Schüler nach zehn oder 15 Jahren in der Fußgängerzone oder auf einer Party wieder treffen. Wie auf Knopfdruck fangen die ehemaligen Schüler sofort an zu erzählen, was alles Gutes aus ihnen geworden ist, was sie die letzten zehn Jahre gemacht und erreicht haben. Sie präsentieren also stolz ihre Leistungen. Auch das ist ein Übertragungsphänomen. Übertragungsphänomene wirken auch in den zahlreichen Einzelkontakten mit Eltern, von denen viele Lehrer ein Lied singen können. Auch hier kann man Neurosen bei der Arbeit beobachten.

Auf der einen Seite wird den Lehrern ein immer weiter greifender Erziehungsauftrag zugeschrieben: Sie sollen den Kindern nach Möglichkeit alles beibringen, auch jene Dinge, von denen man denkt, sie gehörten eigentlich in den Bereich der elterlichen Erziehung. Auf der anderen Seite kann aber jeder erzieherische Eingriff einer Lehrerin wiederum als unzulässige Grenzüberschreitung, als unangemessen oder ungerecht von den Eltern zurückgewiesen werden. Heutige Eltern mischen sich in das Schulleben ihrer Kinder sehr viel mehr ein, als das früher der Fall war. Woran liegt das?

Vermutlich hat es etwas mit dem Primat der Leistungsgesellschaft zu tun. Man muss ganz früh im Leben oben dabei sein oder jedenfalls verhindern, dass Kinder ganz früh unten landen. Eltern aus bestimmten sozialen Schichten planen die Karrieren ihrer Kinder vom ersten Lebensjahr an, nichts wird dem Zufall überlassen. Dementsprechend kann die Schule dann auch nicht mehr als ein soziales, emotionales und intellektuelles Übungsfeld verstanden werden, sondern sie wird als eine Institution erlebt, die frühe und zukunftsentscheidende Bewertungen abgibt, von denen man meint, sich nie wieder befreien zu können.

So erleben manche Lehrer, dass nach einer ungünstig bewerteten Klassenarbeit die entsprechenden Eltern vor dem Pult sitzen und diskutieren und argumentieren, warum ihr Kind eine deutlich bessere Benotung verdient hätte. Wohlgemerkt, es diskutieren und argumentieren nicht die Kinder, um deren Noten es ja geht, sondern ihre Eltern!

Hier spielt eine Rolle, was ich im vorigen Kapitel bereits erwähnt habe: Die Kinder fungieren als Selbstobjekte für ihre Eltern, als Erweiterung deren eigenen Selbst, folgerichtig sollen sie zum Beispiel den Schulerfolg erreichen, den die Eltern selber nicht geschafft haben. Manchmal kann es für Eltern auch zu schmerzlich sein wahrzunehmen, dass ihre Kinder anders sind als sie selbst, andere Begabungen haben, an andere Dinge ihr Herz hängen, leistungsfähiger oder weniger leistungsfähig sind, als sie selbst es waren – oder als sie es fantasieren. Sie können ihre Kinder emotional kaum als eigenständige, von ihnen getrennte Individuen wahrnehmen. Die Tatsache, dass ihre eigenen

Kinder sich von ihnen unterscheiden, kann ihnen so unerträglich sein, dass sie versuchen, dies zu leugnen. Hierbei handelt es sich – wohlgemerkt – um unbewusste Vorgänge. Außerdem schauen, wenn ein Kind in die Schule kommt, plötzlich »Dritte«, also außenstehende Personen, die vielleicht auch ein anderes als das jeweilige familiäre Wertesystem vertreten, auf die Kinder und es kommt zu Diskrepanzen und damit zu Konflikten.

Kaum haben Eltern über ihre Kinder Kontakt zur Institution Schule, können zudem alte *selbst erlebte schulische Konflikte,* die natürlich sehr verletzend oder kränkend gewesen sein mögen, wiederbelebt werden. Wir sprechen hier von Re-Aktualisierung. Was so aussieht als würde eine dieser »Löwenmütter« oder »Löwenväter« sich für ihr Kind einsetzen, ist nicht eben selten ein Kampf für sie selbst. Diese Eltern erleben die schlechte Benotung *einer Arbeit ihres Kindes* als eine *schlechte Benotung ihres Elternseins* durch die Vertreter der Institution und schon ist ordentlich Dampf auf dem Kessel. Dieser kann sich in offener Aggression gegen die Lehrenden niederschlagen, aber auch in beißender Entwertung.[16]

Es sind dies – auch wenn den Betreffenden das kaum bewusst sein dürfte – regressive Phänomene, also Vorgänge, bei denen unsere Psyche auf frühe Bewältigungsmechanismen zurückgreift, solche wie Idealisierung, Entwertung, Aufspalten in Schwarz und Weiß.

Umgekehrt gibt es die neurotischen Vorgänge natürlich nicht nur auf Elternseite, sondern auch auf Seiten der Lehrenden. Dazu ein interessantes Phänomen: In allen psychotherapeutischen Ausbildungsgängen ist das Instrument der *Selbsterfahrung* obligatorisch, das heißt, man setzt sich, ob man nun Symptome hat oder nicht (was für fast niemanden gilt), einem therapeutischen Verfahren aus – in der Regel dem, das man selbst lernt, um eigene innere Konflikte, unbewusste Wünsche und Ängste, eigene Abwehrmechanismen, eigene sogenannte blinde Flecken zu erkennen, um entsprechend über das eigene

Verhalten und Sein reflektieren zu lernen, sich in vielen Punkten besser kennenzulernen, indem das eine oder andere Unbewusste bewusst wird.

Lehrerinnen und Lehrer haben gleichwohl heutzutage in vielerlei Hinsicht verstärkt therapeutische Aufgaben wahrzunehmen, wenn man etwa an die Anforderungen denkt, die die Inklusion mit sich bringt. Sie sind aber für eine solche Aufgabe gar nicht hinreichend ausgebildet und beklagen das auch oft zu Recht. Eine vorgeschriebene Selbsterfahrung, die es einem ermöglichen würde, sich selbst und sein psychisches Funktionieren besser kennenzulernen, fehlt in der Lehrerausbildung völlig, obwohl man in diesem Beruf mit sich entwickelnden Kindern und nicht eben immer einfachen Erwachsenen umzugehen hat. Des Weiteren ist in allen therapeutischen, in fast allen sozialpädagogischen und in vielen anderen Institutionen das Instrument der *Supervision* gang und gäbe, ein Zeichen professioneller Qualität und oft schlicht vorgeschrieben. Das soll dabei helfen, sich selbst im Umgang mit schwierigen Situationen nicht zu verrennen, sondern durch Reflexion und Resonanz in einer Gruppe bisher unentdeckte dynamische Prozesse zu erkennen und zu verstehen. Auch ein solches Instrument sehen Schulorganisationen nicht regelhaft vor, so dass Lehrerinnen und Lehrer mitunter ziemlich allein dastehen. Zugleich begünstigt dieser Mangel auch, dass Lehrende eigene neurotische Anteile im Umgang mit Kindern ausleben, weil sie diese ihre Anteile ja nicht kennen.

So gibt es Lehrerinnen und Lehrer, die eher *ängstlich* und selbstunsicher sind und diesen Beruf gewissermaßen kontraphobisch ausüben. Diese müssen innerlich jeden Tag über eine gewisse Schwelle kommen, um sich zu trauen, sie geraten leicht in ein Vermeidungsverhalten und machen sich zum Beispiel für Schüler und Eltern schwer erreichbar. Sie fürchten Kritik und Herabsetzung, sind häufig sehr besorgt, auch um die eigene Gesundheit. Unbekanntes und Neues lösen häufig noch mehr Ängste aus, weshalb sie eher nicht zu denen gehören, die Neuem an der Schule offen begegnen, sondern eher Hüter des Alten und Bekannten sind.

Oder eher *depressiv* strukturierte Lehrende, die es mitunter schwer haben, sich durchzusetzen, da sie nur sehr zögernd Zugang zu ihrer gesunden aggressiven Seite haben. Sie neigen dazu, sich zu verausgaben, obwohl sie selbst große Wünsche danach haben, etwas zu bekommen, sei es Zuneigung, Zuwendung oder Anerkennung. So sind sie häufig sozial sehr angepasst, übernehmen (zunächst) bereitwillig viele Aufgaben, widersprechen nicht. Das Bild kann sich aber drastisch ändern, wenn sie mit diesen (unbewussten) Strategien keinen Erfolg haben und die dringend benötigte Anerkennung, Zuwendung und Wertschätzung zu wenig vorkommen oder gar ausbleiben. Dann können sie sich häufig nur durch psychosomatische Erkrankungen oder durch Erschöpfungssyndrome retten. Da sie es schwer haben, ihre eigenen Bedürfnisse anzuerkennen und ggf. auch zu formulieren, dienen Krankheiten häufig als erlaubtes Zeichen dafür, auf sich und die eigene Bedürftigkeit aufmerksam zu machen. Das ist jedoch keine sehr aussichtsreiche Strategie, da Kolleginnen und Kollegen dann ggf. vertreten müssen, so dass deshalb eher keine positiven Zuwendungsaffekte zu erwarten sind.

Dann gibt es die eher *zwanghaft strukturierten* Lehrerinnen und Lehrer, die die Dinge sehr genau und gewissenhaft und eben manchmal auch rigide verfolgen. Dies sind an sich Eigenschaften, die für diesen Beruf von Vorteil sind (wie auch für den des Finanzbeamten) und die zu dem weit verbreiteten und oft ungerechten Klischee vom genauen, rigiden und emotionslosen Beamten geführt haben. Diese Menschen haben ein ausgeprägtes Über-Ich, also zum Beispiel ein strenges Gewissen, das sich selbst und anderen (!) keine Fehler nachsieht. In der Regel sind sie dazu durch frühe sehr rigide Einflüsse von außen gekommen. Strenge und kontrollierende Eltern haben ihre autonome Entwicklung früh unterbunden. Bekannt ist dieser Autonomiekonflikt mit dem Kind im Rahmen der Sauberkeitserziehung. Im analen Bereich versucht das kleine Kind, Kontrolle zu gewinnen, im wahrsten Sinne des Wortes, über die eigenen Körperfunktionen, aber auch über die Eltern. Wird ein Kind in seinen autonomen Bewegungen ständig unterdrückt, dann unterwirft es sich oberflächlich. Unter der Oberfläche aber wächst die (meistens) unbewusste Wut. Die Aggressionen werden durch Zwänge, kontrollierendes und manchmal eben auch sadistisches Verhalten abgeführt.

Es gibt daher bei diesen Menschen einen deutlichen Hang zum Korrigieren von Fehlern und manchmal auch zum Unterdrücken. Häufig gesellt sich auch eine gewisse sparsame, manchmal auch geizige Haltung dazu. Der Geiz kann zum Beispiel auch darin bestehen, den anderen Informationen vorzuenthalten, aber auch ganz klassisch darin, dass der häufig übliche Beitrag zum Geburtstag der Kollegen eher schmal ausfällt.

Sie haben große Angst, etwas falsch zu machen, und sind daher oft übervorsichtig und kennen sich beispielsweise immer gut mit den neuesten Erlassen aus. Oft haben sie es schwer mit dem Zugang zu den eigenen Gefühlen. So können sie Schülern Inhalte meist gut vermitteln, sind aber als Begleitung bei Klassenfahrten eher nicht so beliebt, vor allem in den höheren Klassen nicht mehr, während jüngere Schüler sich häufig bei eher zwanghaften Lehrerinnen und Lehrern durchaus sicherer fühlen. Korrekturen fallen bei ihnen sehr genau aus, weshalb sie auch oft viel Zeit dafür brauchen. Alles in allem wirken sie im Selbst- und Weltverhältnis etwas eng.

Eher *narzisstisch* strukturierte Lehrerinnen und Lehrer wollen vor allem bewundert werden, gut dastehen und erfolgreich sein. Sie halten sich nicht selten für die besten Lehrer ihres Fachs und verstehen sich oberflächlich sehr gut auf soziale Kompetenzen, tatsächlich haben sie aber die Neigung, Beziehungen auszunutzen, was die anderen oft erst spät bemerken, weil sie durchaus charmant sein können. Sie verstehen es zu leuchten und gehören oft zu den Lehrerinnen und Lehrern, die von allen gekannt und von Kindern, die naturgemäß ein hohes Idealisierungsbedürfnis haben, auch toll gefunden werden wollen, so dass ihr Verhalten erst einmal als sehr stabil, weil passend erscheint.

Schwierig wird es meistens erst, wenn man hinter die Kulissen schaut, denn häufig verstehen es narzisstische Menschen, sich gut aussehen zu lassen, obgleich es an Substanz fehlt. Wird das offenkundig, dann kann es allerdings sehr schwierig werden, weil narzisstisch strukturierte Menschen für Kritik oft nicht empfänglich und sehr leicht kränkbar sind – und das eben auch durch Schüler, was nicht zuletzt wegen des Autoritäts- und Machtgefälles zu massiven Verstrickungen führen kann. Es muss also nicht immer eine falsche Wahrnehmung eines Schülers sein, wenn er das Gefühl hat, bei seiner Lehrerin oder seinem Lehrer schlechter wegzukommen und irgendwie benachteiligt zu werden. Für narzisstische Menschen kann es nämlich bereits kränkend sein, wenn man ihnen die Bewunderung verweigert.

So unangenehm das klingen mag, so groß ist das Drama hinter der Kulisse. Narzisstisch strukturierte Menschen sind häufig solche, die nie die wirklich gefühlte Erfahrung gemacht haben zu genügen, in ihrem So-Sein von ihren Bezugspersonen geliebt zu werden. Dies führt zu einem chronisch schlechten Selbstwertgefühl, einem permanent dünnen Selbstwert-Sparkonto (!), was dauernd kompensiert werden muss. Kritik führt zu einem direkten Verlust von Selbstwert und in der Folge häufig auch zu massiver Wut mit Rachegedanken.

Hysterisch strukturierte Lehrerinnen und Lehrer lassen gewisse Ähnlichkeiten zum eben beschriebenen narzisstischen Typus erkennen. Auch sie möchten im Mittelpunkt stehen und versuchen dies für gewöhnlich über ihr Äußeres. Es sind oft sehr schillernde, gutaussehende Menschen, die sich viel Mühe mit ihrer äußeren Erscheinung geben, zum Beispiel auffallende, eher extravagante Kleidung tragen. In einer vielleicht manchmal etwas bürokratisch grauen Schulatmosphäre fallen sie natürlich besonders auf. Ihnen ist eine gewisse Theatralik zu eigen, sie neigen dazu, Dinge zu emotionalisieren, das heißt, auch als besonders dramatisch darzustellen. Sie sind in ihren Gefühlen häufig stark schwankend und vor allem mit ihrer Selbstdarstellung beschäftigt. Dabei kann die Rolle, die sie spielen, ziemlich weit von ihrer wirklichen inneren Verfassung abweichen. Da sie andere Menschen durch ihre Attraktivität an sich binden wollen, haben sie oft eine stark verführerische Komponente. Man spürt im Kontakt mit ihnen meistens eine Art Inszenierung, die verdecken soll, dass diese Menschen sich unbewusst als unzureichend und einsam erleben.

Solche Lehrerinnen und Lehrer sind häufig die Paradiesvögel an einer Schule, ziehen eine bunte Flatterströmung aus stark duftendem Parfum, auffälligem Auftritt und emotionalisierender Sprache hinter sich her. Man kann sie einfach nicht übersehen. Häufig sind sie unterhaltend und werden von den Schülern oft gleichermaßen gekannt wie bewundert und belächelt.

Selbstverständlich finden sich die hier beschriebenen *Typen* nicht nur bei Lehrern, sondern bei *allen Menschen*. Der Rahmen von Behörden oder anderen hierarchisch strukturierten Organisationen bietet aber viel Raum, diese Strukturen auszuleben, insbesondere dann, wenn es nirgendwo eine Möglichkeit gibt, bestimmte Verhaltensweisen zu reflektieren, zu besprechen, zu verstehen und damit auch interaktionell einzudämmen.

Und ebenso selbstverständlich gibt es die genannten Strukturen immer auf *beiden* Seiten, also innerhalb der Institution ebenso wie außerhalb. Man kann sich also vorstellen, dass es beim Zusammentreffen eines eher zwanghaft strukturierten Finanzbeamten mit einem ebensolchen Steuerzahler zu einem eher längeren Verständigungsprozess kommen wird. Oder wenn man einen eher narzisstischen Richter vor sich hat, es für einen Anwalt und seinen Klienten nicht günstig ist, diesen wahrnehmbar zu kritisieren oder ihm einfach zu wenig alltagstauglich zu huldigen.

Hat man erst einmal einen gewissen Blick für diese Bedingungen in Alltagsprozessen bekommen, dann kann man zum einen sich selbst auch eher zuordnen, zum anderen erkennt man seine Zeitgenossen und deren psychische Grundausstattung vielerorts. Sie können zum Beispiel einen eher zwanghaften Menschen ziemlich schnell durch einen Blick in sein Auto identifizieren. Nein, da liegt nichts rum. Als deutlich sichtbares Zeichen sieht man vielleicht auf der Rückablage noch die Klopapierrolle mit Häkelhut, ein Hinweis auf das anale Element in der Entwicklungsgeschichte.

So anstrengend und nervenaufreibend, bisweilen aber auch unterhaltend die hier beschriebenen Phänomene in Institutionen wie Schulen oder Behörden sind, so tragisch und dramatisch sind sie oft in Krankenhäusern. Die fehlende Kenntnis dieser Prozesse führt dazu, dass es viele für Patienten schmerzhafte Missverständnisse gibt, die mitunter leicht zu vermeiden wären.

Krankenhäuser

Ich hatte schon erwähnt, dass wesentliche Auslöser für Regressionen *Angst, Unsicherheit* und *Schmerzen* sind. Sehr häufig treffen alle drei Faktoren zu, wenn wir in ein Krankenhaus aufgenommen werden müssen. Entsprechend haben wir eine hohe Neigung zu regredieren, uns also psychisch kleiner zu fühlen, als wir sind, und uns auch so zu benehmen.

In einem solchen Zustand suchen wir nach einem Menschen, der uns Halt und Sicherheit zu geben vermag – in der Sprache der Psychotherapie suchen wir nach einem Objekt, das auch ein Gegenstand oder ein inneres Bild von einem Menschen sein kann. In allererster Linie suchen wir *Beruhigung* und klammern uns an Menschen, denen wir die psychische Macht zuschreiben, dieser Aufgabe gut nachzukommen. Logischerweise sind das erst einmal die in einem Krankenhaus arbeitenden Menschen, in erster Linie das Fachpersonal. Wenn es um unsere Gesundheit geht, dann halten wir Ärzte und Ärztinnen dafür am geeignetsten. Stehen diese nicht zur Verfügung, wandern wir, der Hierarchie entlang, zum Pflegepersonal, zur Sekretärin und zu den Angehörigen. Wir halten sie für die Experten, wenn wir psychisch und physisch in großer Not sind. Alles, was wir wollen, wenn wir mit Angst und Schmerzen in ein Krankenhaus kommen, sind Hilfe und Beruhigung.

In einer solchen Situation haben wir an das medizinische Personal ähnliche Wünsche, wie sie ein Kind an seine Eltern hat, wenn es in Not ist. Wir wünschen uns, dass jemand zu uns sagt: *»Alles wird wieder gut!«* Aber gerade dann, wenn wir besonders auf emotionale Wärme, auf emotionalen Halt, auf Empathie und Vertrautheit angewiesen sind, kommen wir in ein neonbeleuchtetes, glattwandiges, kunststoffmöbliertes, mit jeder Pore Funktionalität ausstrahlendes Gebäude, das uns in aller Sachlichkeit aufnimmt. In der Regel geht es zuerst mal zur Anmeldung (falls wir nicht direkt in der Notaufnahme landen). Immer noch ängstlich suchen wir unsere Krankenkassenkarte, ohne die gar nichts geht, und dann werden wir in der Regel gebeten, irgendwo Platz zu nehmen und zu warten. Das ist häufig eine schlimme Zeit, weil wir Angst haben und uns Sorgen machen. So vorbereitet kommen wir dann irgendwann zu einer Ärztin, einem Arzt und haben viele Fragen. Meistens hat niemand von den Angesprochenen wirklich Zeit, weil erst recht im Zuge der Privatisierung von Krankenhäusern und mit der Einführung von Fallpauschalen Profitdenken in die stationäre Versorgung eingezogen ist. Und das heißt, wie heutzutage so oft: möglichst viel abrechenbare Leistung in möglichst kurzer Zeit zu erbringen.

Krankenhäuser sind schon lange kein Ort der Pflege mehr, sondern Dienstleistungsbetriebe, die einer menschlichen Erkrankung, einem menschlichen Drama eine sachliche ICD-Ziffer zuordnen und bestimmte therapeutische Maßnahmen – man möchte sagen – vollziehen. Pflegekräfte müssen sich inzwischen vor allem mit Computerprogrammen und Anmeldeformularen auskennen, der Pflegebereich ist chronisch unterbesetzt und entsprechend gehetzt und überlastet wirken die dort Arbeitenden und wie wir in der Corona-Pandemie gesehen haben, sind Krankenhäuser unter Umständen auch schlecht ausgestattet. Es bleibt oft viel zu wenig Zeit für die Pflege im Sinne emotionaler und körperlicher Zuwendung, wobei Pflegerinnen und Pfleger sich gerade hierfür mehr Zeit wünschen würden, denn das war in der Regel das Motiv ihrer Berufswahl.

Wie würde es Ihnen, liebe Leserin, lieber Leser ergehen, wenn Sie abends angerufen würden, dass Sie morgen doch keinen Urlaub haben können, sondern arbeiten müssten? Ärztinnen und Ärzte sind genauso gehetzt, weil auch sie wie in einer Manege viele Bälle gleichzeitig in der Luft zu halten haben: Nicht selten ist eine Ärztin für sehr viele Patienten gleichzeitig zuständig, möglichst auch noch auf unterschiedlichen Stationen oder in unterschiedlichen Bereichen.

Damit Krankenhäuser profitabel bleiben, wird vor allem eines eingespart: Zeit! Zeit, die dem Personal zur Verfügung stehen müsste, um seine Arbeit für die Patienten gut und für sich selbst gesunderhaltend machen zu können, Zeit für die Patienten, um mit ihnen ein menschliches Gespräch führen zu können, das vielleicht nicht *abgerechnet* werden kann. Der Einzug der Prämissen von McKinsey & Co. in die Krankenversorgung hat großen Schaden angerichtet und folgt einer *kollektiven Neurose:* Wir können alles beschleunigen, alles zu Geld machen! Dann werden wir alle glücklicher sein. Diese Ideologie wird leider selten hinterfragt, insbesondere dann nicht, wenn erkennbar wäre, dass jemand dafür zu zahlen hat und wer.

Wie geht es also weiter? Das sogenannte Aufklärungsgespräch dient auf keinen Fall der Beruhigung, jedenfalls nicht der Beruhigung des Patienten, eher der Beruhigung des Justiziars des jeweiligen Krankenhauses. Das, was man sich als Patient so sehnlich wünscht, *»Alles wird wieder gut«*, darf auf keinen Fall gesagt werden, weil das Krankenhaus für eine solche Angabe, wenn sie sich als falsch erwiese, haftbar gemacht werden könnte. Aus eben diesem Grund wird man als Patient oder Patientin auch auf die allerschlimmsten möglichen Nebenwirkungen hingewiesen. So gründlich, dass man eigentlich der geplanten Behandlung nicht mehr zustimmen kann. Aber hat man eine Wahl?

Und so wachsen die Angst und das Ohnmachtsgefühl. In diesem Zustand sind wir weiter auf der Suche nach einem beruhigenden Objekt und werden dann, wie ein Kind, vielleicht quengelig, nörgelig, fragen dauernd nach, wollen ganz viel wissen, werden misstrauisch oder ganz hilflos. Plötzlich wissen wir nicht mehr, wo wir eigentlich unsere Sachen verstauen sollen oder wie man bitte von der Station kommt. Oder wir wollen unbedingt wissen, wann es etwas zu essen gibt. Vielleicht meckern wir über das Essen oder über das Zimmer und so weiter. Kurz: Wir werden vielleicht schwer erträglich, nervig, weil wir Angst haben und regrediert sind. Das kann dazu führen, dass das ohnehin gestresste medizinische Personal einen großen Bogen um uns macht, denn es ahnt schon, wenn man zu uns kommt, dann wird es anstrengend und dauert. Und wir, wir werden noch quengeliger und gelten dann als »schwieriger« Patient. So oft wird leider nicht verstanden, dass wir große Angst haben und in unserem psychischen Niveau uns ein paar Stufen in Richtung Kindheit begeben haben.

Dabei wäre es manchmal (nicht immer!) so einfach: Es bräuchte erstens Maßnahmen, die unserer Regression entgegenwirken, damit sie nicht gar so schlimm wird, und zweitens bräuchten wir Menschen um uns herum, die dieses Phänomen kennen, die damit umzugehen wissen und uns so annehmen können.

Die erste Maßnahme wäre: *Freundlichkeit* und *Zugewandtheit*. Es ist ja unschädlich, wenn man zu Menschen freundlich ist.

Die zweite Maßnahme wäre die Fähigkeit zur *Empathie*, das heißt, die Fähigkeit, sich in denjenigen, der Angst hat, einzufühlen, weil er vielleicht eine Operation vor sich hat oder den Krankenhausbetrieb noch gar nicht kennt.

Die dritte Maßnahme: *Transparenz*. Es beruhigt, wenn man an jeder Station, an der man vorbei muss, bei der Anmeldung angefangen, genau und ggf. auch zweimal erklärt bekommt, wie es zur nächsten Station geht und was dort als Nächstes passieren soll.

Die vierte Maßnahme: Jemand Kompetentes sollte sich möglichst bald für den Patienten *Zeit* nehmen, ihn fragen, wie es *ihm* geht, welche Fragen *er* möglicherweise hat. Ist Ihnen schon einmal aufgefallen, dass diese Fragen kaum irgendwo seltener gestellt werden als im Krankenhaus? Diese Fragen scheinen regelrecht gefürchtet zu sein. Jemand sollte der Patientin erklären, was in der nächsten Zeit auf sie zukommt, und ja, wenn möglich, sollte man sie beruhigen. Wie geht das? Indem man selbst Ruhe ausstrahlt, indem man für die Angst des Patienten Verständnis zeigt. Ganz wenig hilfreich sind solche Sätze wie: »Sie sind doch eine erwachsene Frau! Jetzt stellen Sie sich mal nicht so an!« (Und solche Sätze fallen!)

Man ist als Patientin in solchen Momenten eben nur körperlich erwachsen, psychisch eher begrenzt. Hilfreich ist vielmehr deutlich zu machen, dass man über Erfahrungen verfügt, in denen solche Krankheiten oder Eingriffe, wie der Patient sie hat oder vor sich hat, gut ausgegangen sind. Das beruhigt!

Ich habe in meiner Zeit als Ärztin in Krankenhäusern der somatischen Regelversorgung sehr oft erlebt, wie überaus hilfreich und sinnvoll es ist, sich für Patienten, gerade wenn sie neu auf die Station kommen, Zeit zu nehmen. Und für alle Zeit-Geizigen: Diese Investition zahlt sich am Ende aus! Je beruhigender man auf Patienten einwirkt, desto weniger »quengelig« müssen sie werden, diese Investition lohnt sich also. Aufklärungsgespräche kann man auch so gestalten, dass der Patient, die Patientin sich wirklich informiert fühlt und nicht nur die Unterschrift gegeben und juristischen Angelegenheiten Genüge getan worden ist.

Man muss sich aus Sicht der Institution Krankenhaus klarmachen: Die behandelnde Ärztin wird für eine kurze Zeit im Leben des Patienten zu einer zentralen bedeutsamen Beziehungs- und Übertragungsfigur. Da sich das Leben in einem solchen Moment auf die körperlichen Ängste, das Leben, die physische und psychische Unversehrtheit konzentriert, es also um existenzielle Bedrohungen geht, rutschen Arzt oder Ärztin für gewisse Momente unbewusst in die psychische Rolle des Vaters oder der Mutter, das heißt, auf *sie* richten sich Ängste und Wünsche, die Kinder an ihre Eltern haben. Je nach persönlicher Lebenserfahrung der Patienten variieren diese Ängste und Wünsche ihrem Inhalt oder ihrer Intensität nach. Menschen, die bereits in ihrer Kindheit ein substanzielles Vertrauen in die Welt, zu anderen Menschen aufbauen konnten, lassen sich natürlich leichter beruhigen als diejenigen, die oft enttäuscht und im Stich gelassen worden sind und daher chronisch misstrauisch gegenüber »Eltern-Objekten« sind.

Information, Transparenz, das sind immer wieder wichtige Stichworte in Krisensituationen: sei es bei Zwischenfällen in der Bahn, bei der dann oft wie von Geisterhand alle Zugbegleiter plötzlich von der Bildfläche verschwunden sind, auf einem Schiff, in einem Flugzeug, in einem Fußballstadion oder eben in einem Krankenhaus.

Das gilt auch für die Mitteilung von Ergebnissen, Befunden, auf die Patienten dringend warten. Es ist unnötig, Menschen länger als nötig auf einen für sie wichtigen Befund warten zu lassen – es sei denn, man pflegt seine sadistische Ader oder braucht das Gefühl, erwartet zu werden, und möchte das auskosten. Und es ist furchtbar, wenn schlimme Mitteilungen zwischen Tür und Angel gemacht werden, damit man als Arzt einen Grund hat, schnell wieder wegzukommen und die Verzweiflung des Patienten nicht mit ansehen und aushalten muss. Medizin gilt immer noch als Heilkunst, und das meint Körper und Seele. Wenn der Körper Schaden nimmt, dann leidet auch die Seele, und sie benötigt die Heilkunst ebenso wie der Körper.

Ich sehe in der Praxis auch oft, dass die Auswirkungen einer lebensbedrohlichen Erkrankung oder einer Operation auf einen Menschen unterschätzt werden. Während sich inzwischen herumgesprochen hat, dass beispielsweise schwere Verkehrsunfälle oder lebensbedrohliche Überfälle traumatischen Charakter haben, wird das in der Folge von schweren körperlichen Erkrankungen meiner Erfahrung nach selten bedacht. Aber Menschen, die eine schwere Erkrankung hinter sich haben, und zum Beispiel, wie wir es im Rahmen der Corona-Pandemie gesehen haben, lange beatmet werden mussten, sind in der Folge oft *traumatisiert* und erfüllen auch deskriptiv das Bild einer posttraumatischen Belastungsstörung. Wir wissen aus der Traumatherapie, dass eine gute und schnelle psychotherapeutische Behandlung, so schnell wie möglich nach dem Ereignis, sehr gute Wirkungen zeitigt und zur Heilung führen kann. Je länger es dauert, bis Hilfe in Anspruch genommen wird, desto schwerer wiegend ist häufig der Ausgang. So gesehen wäre es mehr als sinnvoll, wenn ein Krankenhaus jedem Menschen, der an einer lebensbedrohlichen Erkrankung leidet, sofortige psychotherapeutische Hilfe zukommen ließe. Das mag unrealistisch erscheinen – allerdings nur, wenn man das Geld dafür nicht ausgeben möchte.

Regressionen im Krankenhaus treiben auch andere, weniger dramatische Blüten, zum Beispiel dass es in manchen Vierbettzimmern so zugehen kann wie in einem Landschulheim. Man kichert, macht Witzchen über das medizinische Personal, verliebt sich manchmal auch ein bisschen, hat irgendwelche Heimlichkeiten, tut Verbotenes. Erwachsene Männer und Frauen scheinen spontan in die pubertäre Welt zurückzukehren. Wohl dem, der dies einzuordnen weiß. Ebenso verhält es sich mit den

»Freundschaften fürs Leben«, die in diesen Mehrbettzimmern geschlossen werden. Was wird sich da nicht alles versprochen. Man will sich hinterher gegenseitig besuchen, einander die Familien vorstellen, dies und das zusammen unternehmen, auf jeden Fall in Kontakt bleiben. Meistens bleibt es, wenn überhaupt, bei einem Telefonat. Das liegt eben an dieser besonderen regressiven Situation, in der man sich sehr auf seinen Bettnachbarn stützen möchte, auf jemanden, der weiß, worum es geht, weil er in einer vergleichbaren Situation ist oder war. So bilden sich oft vorübergehende Notgemeinschaften, doch sobald man entlassen ist, verlässt man häufig nicht nur das Krankenhaus, sondern auch recht bald die Regression.

Das Leben in und mit Institutionen ist, wie Sie sehen, bunt und es gibt allerlei Alltagsneurotisches zu entdecken. Am ehesten kann man dieses Phänomen bemerken, wenn man eine Institution ganz entspannt betritt und dort selbst eigentlich gar nichts will. Einfach mal nur so eine halbe Stunde in einer Postfiliale verbringen, statt, sagen wir, Netflix gucken, das könnte durchaus unterhaltend werden …

Fußball – Wahre Liebe nur unter Männern?

»*Der Druck entlädt sich beim Torschuss –
ein Wahnsinnsfeeling! So ähnlich wie beim Sex.*«
(Jürgen Klinsmann)

Mit Ausbreitung der Corona-Pandemie im Frühjahr 2020 sahen wir plötzlich im Rasenballsport ein interessantes Bild: Wir sahen buchstäblich nichts. Während für viele Menschen das Wochenende seine natürliche Struktur durch Stadionbesuche oder Fernsehübertragungen der Liga-Spiele hatte, entstand nun ein kaum mehr für möglich gehaltenes Vakuum. Auch die Online-Portale, die sonst täglich Skandälchen und Geschichtchen rund um die Fußballprofis und deren Angehörigen lieferten (Was postet Cathy Hummels?, Wie alt ist Bakery Jatta? usw.), boten plötzlich keinen Nachschub mehr. Der Fußball schien in einer Art Bedeutungslosigkeit zu versinken. Statt Bundesliga-Tabellen nun das tägliche Ranking der Johns-Hopkins-Universität. Fußball: nicht systemrelevant. Die Verantwortlichen selbst schienen es kaum fassen zu können. Als bereits (fast) allen klar war, dass die EM 2020 nicht wie geplant würde stattfinden können, kokettierte die UEFA noch mit einem möglichen business as usual, um sich dann doch irgendwann mit der Realität abfinden zu müssen.

Die korrupte Struktur der FIFA ist hinlänglich bekannt, die Skandale um Blatter, Infantino & Co. auch, und dennoch: Wir machen immer wieder mit, schalten ein, kaufen übertreuerte Plastik-Trikots und Acryl-Fan-Schals, absurd teure Stadionkarten und Fußballdevotionalien. Obendrein eskalierte kurz vor der Corona-Krise die Situation in den Stadien, weil sogenannte Fans menschenverachtende Plakate entrollten und Spiele (leider nur) fast zum Abbruch gebracht wurden.

Die Spieler selbst scheinen sich mitunter von einer Verletzung zur nächsten zu hangeln, ersatzweise werden reichlich Schmerzmittel eingenommen, weil doch nur die Leistung zählt, was nichts anderes heißt, als dass der Kommerz Vorrang vor allem anderen hat und Spieler durch mehr und mehr Wettbewerbe gehetzt werden, weil diese zu exorbitanten Einnahmen führen. Insofern geht es im Fußball zu wie im richtigen Leben. Kurzum: Eigentlich alles zum Abgewöhnen! Aber: Wir sehen weiter zu, nachdem Spiele wieder stattfinden, schalten das Fernsehgerät ein, begeistern uns, und die EM und WM sind womöglich die einzig verbliebenen kollektiven Straßenfeger unserer Zeit.

Wie ist es zu erklären, dass so viele von uns nach wie vor fußballbegeistert sind und wir uns auf die Spiele freuen, obwohl wir von den dunklen und absurden Hintergründen wissen oder wissen könnten? Der professionelle und semiprofessionelle Fußballzirkus ist ein sehr gutes Beispiel dafür, dass sich mit unseren Alltagsneurosen wirklich gutes Geld verdienen lässt. Und dieses Geld sorgt dafür, dass die dunklen Seiten des Fußballgeschäfts nicht beleuchtet und eher nicht wahrgenommen werden. Wenn man so will, dann ist die Fußballwelt eine gigantische Parallelwelt, ein kollektiv geteiltes phantasmagorisches Konstrukt. Phantasmagorisch, weil ein Teil seines Faszinosums auf gemeinsam geteilten, meistens unbewussten Übertragungen und Fantasien beruht.

Die Welt des Fußballs ist eine Welt der Spekulation, eine Art Börse, bei der auf große Gewinne gesetzt wird, die sich aber als deutlich interessanter und spannender zeigt als die überwiegend digital gesteuerte Aktien- oder Edelmetallbörse. Und das Publikum ist an diesem Spekulationsgeschäft nach Kräften beteiligt, es bestimmt durchaus mit, wo wie viel Geld verdient wird. Entsprechend ist der Fußball ein riesengroßes, sehr gut funktionierendes Marketing- und Werbegeschäft. Werbung ist immer dann gut, wenn sie die unbewussten Wünsche der breiten Masse gut erkennt und *suggeriert,* diese erfüllen zu können.

Das Fußballgeschäft bedient gleich mehrere dieser kollektiven Wunschfantasien:

Fantasie 1: »Es gibt ihn doch, den Aufstieg vom Tellerwäscher zum Millionär!«

Realitätsprüfung: Ja, diese Karriere mag es geben, sie ist aber äußerst selten. Der Anteil der fußballbegeisterten Jungen, die es in eine Profi-Liga schaffen, wird auf ca. 2,5 Prozent geschätzt.[17] Und obwohl das Narrativ des armen Straßenfußballjungen, dessen Talent entdeckt und gefördert wird, so dass er zum nächsten Maradona, Messi oder Ronaldo heranreifen kann, weiterhin besteht, dürfte die Realität doch deutlich unromantischer sein: Die besten Aussichten hat der, der in einem der großen Vereine spielt und nicht in einer Dorfmannschaft. Dazu sollte er in einer entsprechenden Stadt wohnen und Eltern haben, die Geld und Zeit investieren, das hochdotierte Talent zum Training und zu den Spielen zu fahren. Und ja, einige wenige schaffen es zum Millionär, zahlen aber durchaus einen hohen Preis dafür mit Operationen, Schmerzen und erheblichem körperlichem Verschleiß – von der psychischen Verarbeitung des Erfolgsdrucks ganz abgesehen.

Fantasie 2: » Alles ist möglich, wenn du nur genug kämpfst, dich genügend einsetzt!«

Realitätsprüfung: Dies ist eine Vorstellung, an die wir nur zu gern glauben, suggeriert sie doch Kontrolle und Macht. Jeder hat sein Schicksal in der Hand, er kann erreichen, was er will, wenn er will! Alles ist möglich! Mit dieser Fantasie sowie der vom märchenhaften Aufstieg spielen übrigens auch sämtliche Casting-Shows (»Du lernst jetzt aber echt mal eine Nacht lang einen Songtext auswendig, und wenn du dich sehr anstrengst, dann kannst du auch ein Superstar werden«). Aber es handelt sich um eine Abwehrfantasie, die wir einsetzen, um mit der schmerzvollen

Realität zurande zu kommen, dass das Leben sehr, sehr ungerecht sein kann und wir es mitnichten in der Hand haben, auch wenn wir uns noch so anstrengen. Andersherum wird ein Schuh draus: Ohne Anstrengung und Kampf wird es nichts.[18] Nur leider: Kampf und Mühe reichen oft nicht aus, auch im Fußball nicht.

Fantasie 3: »Wir sind eine große Familie!« (»You never walk alone!«)
Realitätsprüfung: Okay, aber was ist, wenn du verletzt bist oder homosexuell oder schwarz oder weiblich oder depressiv oder auf andere Weise von einer vermeintlichen Norm abweichst? Frauenfußball war in Deutschland übrigens bis 1970 in den DFB-Vereinen verboten, weil »diese Kampfsportart der Natur des Weibes (sic!) im Wesentlichen fremd ist«. Man beachte auch die »Fan-Krawalle«, die menschenverachtenden Transparente, die 2020 in Stadien entrollt wurden, die Pyrotechnik, die dafür sorgt, dass man einen Großteil des Spiels gar nicht mehr sehen kann und so weiter.

Fantasie 4: »Wenn mein Verein gewinnt, dann bin ich auch erfolgreich, denn ich bin ja ein Teil davon.«
Realitätsprüfung: Okay, hat schon mal jemand auf sein Konto geguckt, wenn *sein* Verein gewonnen hat: Ist da etwas vom Gewinn überwiesen worden? Die UEFA-Einnahmen beliefen sich in der Saison 2018/2019 auf geschätzt 3,25 Milliarden Euro.[19] Bayern München hat allein durch Zuschauereinnahmen 104 Millionen Euro Gewinn erwirtschaftet.[20]

Fantasie 5: »Wenn ich das Trikot mit dem Namen eines Spielers meines Vereins anziehe, dann spiele ich besser Fußball.«
Realitätsprüfung: Kein Kommentar!

Fantasie 6: »Fußball ist echter Sport, allein der Sportsgeist zählt.«
Realitätsprüfung: Kein Kommentar!

Fantasie 7: »Wir sind die Guten!«, das heißt: »Die Schlechten sind die anderen.«

Das ist nur eine Auswahl kollektiver Fantasien im Fußball, aber sie werden fortlaufend bedient und es wird damit weiterhin gut verdient. Die letzte Fantasie könnte man als universal bezeichnen, sie gilt an jedem Wochenende und inzwischen versichert man sich ihrer auch kollektiv unter der Woche.

Fußball ist ein echtes Massenphänomen, psychoanalytisch als Großgruppenphänomen verstanden. Wie aber funktioniert dieses Phänomen und wie gelingt es uns, Fußball immer wieder aufs Neue zu genießen und zu feiern, obwohl wir ja durchaus Zeitung lesen, denken, unseren kritischen Verstand benutzen und um die dunklen Seiten des Fußballs wissen? Um dies zu verstehen machen wir einen kurzen Ausflug in das Jahr 1921. In diesem Jahr erschien eine der interessantesten Arbeiten Freuds mit dem Titel »Massenpsychologie und Ich-Analyse«. Im Folgenden geht es mir darum, die für uns in diesem Zusammenhang interessanten Aspekte auf den Punkt zu bringen.

Massenpsychologie
Freud, der sich auch auf andere Autoren bezieht, geht von dem grundlegenden Umstand aus, dass ein einzelner Mensch innerhalb einer Masse unter deren Einfluss gerät und dadurch »eine tiefgreifende Veränderung seiner seelischen Tätigkeit erfährt«.[21] Diese besteht, kurz gefasst in zwei auch gut sichtbaren Phänomenen:
– einer *Affektsteigerung*, das heißt, Gefühle zeigen sich intensiver, auch schneller wechselnd als sonst;
– einer *Denkhemmung*, das heißt, dass etwa das Abwägen möglicher Konsequenzen des Handelns oder die eigene

Beurteilung und Kontrolle des eigenen Handelns weitestgehend ausgesetzt wird.

Dieses Phänomen ist umso stärker, je weniger organisiert eine Masse oder große Gruppe ist. Eine Menschenmasse in einem Stadion ist in diesem Sinne semi-organisiert; es gibt durchaus strukturierende Elemente wie zum Beispiel Fanblöcke, feste Einlasszeiten, Kontrollen, Sicherheitsmaßnahmen und so weiter; *vor* den Stadiontoren, wo ein Großteil dieser Organisation fehlt, kann das schon wieder ganz anders aussehen.

Erschwerend kommt nun hinzu, dass der Mensch im Prinzip ein für *Suggestion* sehr empfängliches Wesen ist. Diese zeigt sich u. a. in dem Phänomen der »Affektansteckung«, das heißt, dass wir in denselben Affekt verfallen wie den, den wir bei anderen wahrnehmen. Interessanterweise passiert uns das besonders leicht innerhalb einer großen, relativ anonymen Gruppe, wie beispielsweise im Fußballstadion, bei einem Konzert oder bei einer politischen Kundgebung. Freud mag sich aber mit dem Phänomen »Suggestion« nicht so recht zufriedengeben, sondern fragt, worin eigentlich deren Essenz besteht.

Des Rätsels Lösung: Wir sind empfänglich für Anregungen (engl.: suggestions), lassen uns etwas nahelegen (engl.: to suggest), wenn wir eine intensive Gefühlsbindung zu einem anderen oder zu mehreren Menschen haben. Freud spricht von *Libido*, einer nicht messbaren »Energie solcher Triebe, welche mit all dem zusammenhängen, was man als Liebe zusammenfassen kann.«[22] Der Kern dieser Liebe werde selbstredend von der geschlechtlichen Liebe gebildet, aber es gehörten auch sämtliche Abkömmlinge dazu, wie die Selbstliebe, die Eltern- und Kindesliebe, die Freundschaft, die allgemeine Menschenliebe sowie – man höre – die Hingabe an konkrete Gegenstände und abstrakte Ideen. Man kann also seinen

Fußballverein, das, was ihn verkörpert, seine Spieler, lieben.[23] Es sind ebendiese Liebesbeziehungen oder Gefühlsbindungen, welche die »Massenseele« ausmachen. Und hier ist besonders eine Liebe entscheidend: die zum Führer! Ja, Freud hat unbewusst einiges vorausgeahnt, aber er hatte nicht »*den* Führer« im Sinn, der sich als Monster entpuppt hat.

Die Liebe zu einer Führungsperson also, die man mit anderen teilt, hält die vielen Individuen zusammen. Und das ist durchaus nicht selbstverständlich, wenn man die Freud'sche Erkenntnis bedenkt, dass fast jede gefühlshaft intime Beziehung zwischen zwei Menschen, die von längerer Dauer ist, »einen Bodensatz von ablehnenden, feindseligen Gefühlen enthält«[24], die üblicherweise alltagstauglich verdrängt werden. Sichtbar werden sie in dem Meckern und Lästern gegenüber Vorgesetzten, anderen Familien, benachbarten Orten oder Vereinen und so weiter. Richten sich solch feindseligen Gefühle gegen sonst geliebte Personen, dann sprechen wir von *Gefühlsambivalenz*. Manche Menschen sind gar so empfindlich, dass sie sich durch andere, die ihnen in gewisser Weise nahestehen, aber gleichzeitig fremd sind, geradezu bedroht sehen, als sei das Vorkommen einer Andersartigkeit eine implizite Kritik am eigenen So-Sein und eine Aufforderung zu dessen Veränderung. Das Besondere ist nun, dass solche Intoleranz in der Masse zumindest zeitweilig zu verschwinden scheint. Die Einzelnen tun so, als spürten sie keinerlei Abneigungen gegenüber dem Fremden, als sei man »Gleicher unter Gleichen« und sehr tolerant. Wie kann es aber zu einer solchen Einschränkung des Narzissmus, der Selbstliebe, kommen? Nun, auch da hat Freud eine Antwort: »*Die Selbstliebe findet nur an der Fremdliebe, Liebe zu Objekten, eine Schranke*«.[25] Von »Objekten« sprechen wir in der psychoanalytischen Theorie immer in Bezug auf alles, worauf sich ein Mensch, das Subjekt, affektiv beziehen kann. Das sind in erster Linie Menschen, aber es können auch Gegenstände, Ideen, Fantasien sein. Normalerweise sind wir Menschen bisweilen echte Krämerseelen, wir binden uns *libidinös,* weil wir in irgendeiner Form die Erfüllung unserer Wünsche erhoffen, zum Beispiel unserer Beziehungswünsche, die wir bisweilen zuhauf mit uns herumtragen.

In der Masse aber, so Freud, sind darüber hinaus noch andere Gefühlsbindungen wirksam, und das sind *Identifizierungen.* Sie gehörten zu den frühesten Äußerungen einer Gefühlsbindung an eine andere Person. Das Kind, das so werden möchte, wie ein Elternteil, ein Schüler, der so sein möchte wie sein Lehrer, ein Kind, dass so spielen und sein möchte wie sein großes Fußball-Idol.

Bei einer Identifizierung oder Identifikation, wie wir heute eher sagen, nimmt das Subjekt einen Menschen zum Objekt und versucht, dessen Eigenschaften anzunehmen. Und nun kommt eine sehr wichtige Unterscheidung: Natürlich kann das in der Realität oft nicht gelingen, aber man versucht auf diese Weise, seinem Liebesobjekt ähnlich zu werden und ihm nahe zu sein. Aber selbst wenn es nicht gelingt, die tatsächlichen Eigenschaften des anderen zu kopieren, kann es doch sein, dass sich das innere Bild, das man von sich hat, dem inneren Bild, das man vom Objekt hat, angleicht. Wenn wir das innere Bild meinen, das wir von uns haben, dann sprechen wir von einer *Selbstrepräsentanz.* Das Bild, das wir von einem anderen haben, nennen wir *Objektrepräsentanz.* Entsprechend ist eine Identifikation die Veränderung der Selbstrepräsentanz nach dem Vorbild einer Objektrepräsentanz.

Versucht sich also jemand per Identifikation seinem Vorbild anzugleichen, so ist dies der Ersatz für eine libidinöse Verbindung. Auf diese Weise können nun sehr viele Menschen ein und dasselbe Objekt zum Vorbild nehmen und sich mit diesem identifizieren. Das ist dann gewissermaßen der Kitt, der alles zusammenhält.

Nun fehlt noch ein weiterer Mechanismus: Normalerweise haben wir eine Instanz in uns, mittels derer wir uns selbst beobachten, eine Art Kompass, wie wir sein wollen, welche Werte wir einhalten möchten und dergleichen. Diese Instanz nennen wir Ich-Ideal, also das Ich, das wir idealerweise sein wollen. Nun gelingt es uns mehr oder weniger gut, unsere Vorstellungen zu verwirklichen. Und wenn das nicht so gut funktioniert, dann greifen wir zu einer List: Wir suchen uns jemanden aus, der das kann, der das erreicht hat, was wir selbst so gern könnten und erreichen wollen, wir identifizieren uns kurzerhand mit ihm. Wir lieben dieses »Objekt« für seine Vollkommenheit, die wir auch zu einem großen Teil noch in es hineinsehen, um unser eigenes, nicht erreichtes Ideal zu ersetzen. Auf diese Weise versuchen wir, unsere narzisstischen Wunden zu schließen. Klassischerweise geschieht dies, indem Eltern ihre Kinder oft unbewusst »beauftragen«, eigene Wünsche und Träume zu verwirklichen, die eigentlich nicht die Ziele der Kinder sind.[26] Die Objekte werden zu Selbstobjekten.

Gibt sich nun ein Mensch ganz und gar der Liebe zu *seinem* idealisierten Objekt hin, so ist sein *eigenes* Ich-Ideal durch das Objekt bzw. durch das Bild von diesem Objekt ersetzt worden.

Jetzt verstehen wir hoffentlich besser, was die Massen-Welt im Innersten zusammenhält: Es ist die Liebe! Und nun stellen Sie sich das unter all den harten Männern beim Fußball vor! Es sind Menschen, »die ein und dasselbe Objekt an die Stelle ihres Ich-Ideals gesetzt und sich infolgedessen in ihrem Ich miteinander identifiziert haben.«[27] Also anstelle eigener Ideale finden sich an dieser Stelle die Ideale des FC Bayern, des BVB oder des FC Liverpool. Oder die Idee des Gewinns der Champions-League oder einfach ein Spieler, den man besonders bewundert. Solche

Ideale können auch die oben beschriebenen kollektiven Fantasien darstellen, die zum Großteil aus unrealistischen Idealisierungen bestehen. Je mehr Menschen solche Fantasien miteinander teilen, desto realistischer erscheinen sie dem Einzelnen, desto schwerer hat er es mit der Realitätsprüfung, da er in den anderen auch immer seinen eigenen Fantasien begegnet.[28]

Ebenfalls durch die Corona-Pandemie ist allen performativ vor Augen geführt worden, dass das Geschäftskonstrukt *Fußball* im Wesentlichen von Zuschauern abhängt, und das heißt von der Psyche sehr, sehr vieler Individuen. Denn plötzlich fanden die Spiele *ohne das körperlich anwesende Publikum* statt, zwar durchaus im Fernsehen anzuschauen, aber doch eben – trotz der großen Stadien – in einer Atmosphäre, wie man sie vom heimischen Kreisliga-Fußball kennt: gähnende Leere, ein paar Fans, Gebrüll und Gebolze, das Übliche halt. Plötzlich gab es weniger Drama auf dem Platz.

Ein typisches Phänomen: Entzieht man der hysterischen Aufführung die Aufmerksamkeit, das Publikum, beruhigt sich die Hysterie meistens. Das funktioniert im Großen wie im Kleinen. Und hysterisch geht es auf den Fußballplätzen oft zu, auch dann, wenn Neymar gerade nicht dran ist, eine seiner Siebenfach-Rollen, à la »Ich-bin-aus-dem-fahrenden-Zug-gestoßen-worden-und-kugel-die-Böschung-runter« inszeniert. Das Hysterische zeigt sich in dem auf dem Boden sitzenden Spieler, der seine Arme austreckend und seine Handflächen nach oben drehend mit halboffenem Mund und Säuglingsblick den Schiedsrichter (und das Publikum!) ansieht, wie etwa Lewandowski: »Siehst du nicht, dass die anderen böse zu mir waren, du musst etwas tun?!« Es zeigt sich in den Rudelbildungen, dem primatenhaften Brust-an-Brust-Stoßen und natürlich auch am »Haarschmuck«, für den fast so viel Energie aufgewendet werden muss wie für das Training. Meistens wirken die hysterischen Inszenierungen »ansteckend«, das heißt, sie greifen auf das (körperlich anwesende) Publikum über, das sich seinerseits hysterisieren lässt, also ebenfalls dramatisierend, äußerst expressiv und emotional reagiert, was wiederum auf die Spieler zurückwirkt.

Wir kommen zu einem weiteren Skandal: Der Fußballplatz ist eine wunderbare Spielwiese für hysterisch agierende Männer! Und das ist »ansteckend«!

Vielleicht sind hier ein paar Worte zum Hysterischen, zur Hysterie überhaupt angebracht, gehört letztere doch zu den Geburtsvorgängen der Psychoanalyse.

> **ⓘ** Die **Hysterie** wurde ursprünglich und eben fälschlich als einzig weibliches Phänomen in der Therapie behandelt, was bedeutete, dass Männer sich Gedanken über die Psyche der Frauen machten. Ganz ursprünglich sah man eine wandernde Gebärmutter (lat.: hyster) als Ursache der Erkrankung an und stellte damit, vielleicht unbewusst, eine Verbindung zur sexuellen (Fehl-)Entwicklung her. Inzwischen wurde der Begriff der Hysterie aus der ICD-10 gestrichen und die hysterische Persönlichkeit durch die »histrionische Persönlichkeitsstörung« ersetzt. Nun ja.
>
> Mentzos hat darauf hingewiesen, dass das Hysterische keine einheitliche Kategorie ist, sondern dass man mittels eines hysterischen Modus Konflikte verarbeiten kann. Er beschreibt folgende hysterische Charakterzüge:[29]
> - eine Tendenz zur Dramatisierung,
> - die verminderte Fähigkeit, zwischen Fantasie und Realität zu unterscheiden,
> - eine ausgeprägte Suggestibilität,
> - übertriebene Koketterie,
> - Theatralik.

Passt alles, oder? Die Tendenz zur Dramatisierung zeigt natürlich nicht nur Neymar, man kann sie fast an jedem Wochenende beobachten, im Strafraum, wo Spieler versuchen dramatisch zu fallen, um den Schiedsrichter zu täuschen, damit im Nachhinein alle anderen verbal auf den Schiedsrichter losgehen können, weil er sich hat täuschen lassen und zu Unrecht einen Elfmeter gegeben hat. Würde man auf das Schauspielern auf dem Fußballplatz verzichten, bräuchte es vermutlich keinen Video-Schiedsrichter, aber Menschen betrügen eben auch gern und lieben das Drama.

Die Zuschauer im Stadion werden von diesem Drama leicht angesteckt, sie schreien, grölen lauthals ihre Beschwerden über die unbotmäßige Behandlung des Spielers heraus. Das wirkt auf diesen zurück und er glaubt am Ende wirklich, dass passiert sei, was er vorgibt. Und genau darum geht es! *Der Hysterische will sich selbst glauben machen, dass er anders ist als in Wirklichkeit.* Mentzos sieht das Spezifische des hysterischen Modus der Konfliktverarbeitung auch genau darin, dass sowohl für den äußeren als auch für den inneren (Über-Ich-)Beobachter etwas inszeniert wird mit dem Ziel, anders zu erscheinen, als man ist.[30] Er inszeniert ein anderes Selbstbild von sich, etwa das eines Opfers auf dem Fußballplatz, das aber in Wahrheit ein Täter ist, zum Beispiel bei einer Schwalbe, mit der man der gegnerischen Mannschaft durch Betrug schaden möchte.

Oder man inszeniert sich als nahezu grenzenlos empört aufgrund einer vermeintlichen massiven Ungerechtigkeit, zum Beispiel eines nicht gegebenen Einwurfs, denn Empörung ist für das Über-Ich, also das innere Gewissen, deutlich besser, da der Empörte sich im Recht wähnt. Der Vorteil oder die sogenannte Triebbefriedigung, welche sich aus rechtschaffener Empörung ziehen lässt, liegt darin, dass man seine massive Aggression auf diese Weise gut an den Mann bringen kann. Leider kann sich diese Aggression, die im Stadion oft noch durch die rahmengebenden Strukturen unter Kontrolle gehalten wird (Blöcke,

Ordner, Stadionsprecher, Rituale etc.), außerhalb oft schrecklich entladen; dann zeigt sich das wirkliche Bild einer leider zum Teil mörderischen Aggression, die in der Großgruppe bis dahin kein Ventil hatte.

Durch die »Rückkopplung« mit dem Publikum wird die Erschaffung einer neuen Selbstrepräsentanz in der Regel derart gestärkt, dass ein Spieler am Ende (fast) selbst glaubt, er sei gefoult worden (»Da war ein Kontakt, glaube ich, ich habe da was gespürt …«). Genau diese Rückkopplung funktioniert bei den Spielen ohne körperlich anwesendes Publikum, den sogenannten »Geisterspielen« (welche Geister spielen da eigentlich?), nicht so gut. Die körperliche Präsenz der Zuschauer fehlt, die Ästhetik des Fußballs, seine Sinnlichkeit ist gewissermaßen halbiert. Ein Spieler müsste schon über eine sehr hohe Objektkonstanz verfügen, also über die Vorstellung eines innerlich anwesenden Objekts, um sich während einer Aktion klar vor Augen und Geist zu führen, dass ihm nun gerade Millionen Zuschauer vor dem Fernseher zuschauen. Selbst wenn er das kann, entfällt die Rückkopplung, die gesamte sinnliche Reaktion der Großgruppe der Stadionbesucher. (Der BVB hat übrigens in dieser Zeit ungewöhnlich viele Heimspiele verloren. Das »mentale« Problem, von dem in diesem Zusammenhang so oft die Rede war, ist vermutlich ein Problem des Entzuges *narzisstischer Gratifikation*. Nur Berufsausübung, um Geld zu verdienen? Das ist wohl doch zu viel des gewöhnlichen Alltags …)

Man kann vermutlich sagen, dass der Starfußballer an sich schon eine Inszenierung ist, die nur durch die Co-Konstruktion mit dem Publikum möglich wird. Solch ein Spieler *erscheint* durch die Inszenierung *Fußball* sämtlicher UEFA-, FIFA- und DFB-Rituale, durch die Medien und nicht zuletzt durch die absurd hohen Gehälter als ein Mensch mit nahezu existenziell besonderen Fähigkeiten, dabei ist er nicht mehr und nicht weniger als ein Mensch, der *eine* Sache im Leben besonders gut kann: kicken. Durch die Rückkopplung mit der medialen Welt und dem Publikum glaubt manch einer dieser Starkicker dann wirklich, dass er etwas viel Außerordentlicheres ist als andere Menschen. Es wird für ihn schwer, Fantasie und Realität auseinanderzuhalten. So fährt man vielleicht sein superschnelles und sehr teures Auto superschnell zu Schrott, weil man glaubt, man könne – da man ja gut kicken kann – auch fahren wie ein professioneller Rennfahrer; man isst dann auch schon mal ein vergoldetes Steak, das man vor dem Verzehr in medialen Netzwerken postet und sich dann wundert, dass das nicht bei allen gut ankommt.

All das wird noch erleichtert durch einen prekären Hang zur Infantilisierung der Spieler, die letztlich ihr Berufsleben überwiegend in kurzen Hosen verbringen. Diese Infantilisierung gewinnt mehr Brisanz dadurch, dass Fußball inzwischen zunehmend eine Jugendlichen-, allenfalls eine Adoleszenz-Veranstaltung geworden ist. Die Spieler werden immer jünger (das ist gut fürs Geschäft und schlecht für die Körper und die Psyche der Spieler), die Funktionäre dagegen bleiben alt oder werden älter. Und die jungen Männer unterwerfen sich den Regeln der alten; sie sind die gutbezahlten Schachfiguren, mittels derer alte Männer ihre Machtfantasien in einem hohen Maß ausleben können.

Man erkennt bei der Eröffnung großer Fußballspiele, wie beispielsweise solchen der Champions-League, Szenen aus der Eröffnung der Gladiatorenwettkämpfe im alten Rom wieder: Einmarsch der Gladiatoren, die übrigens ursprünglich Sklaven und Gefangene waren, Präsentation der gestählten Körper, Drohgesten, Gebrüll, um sich Mut zu machen etc.

Aber weder Hymnen, noch markige Werbesprüche (»Respect«) können die Realität verdecken, dass eine große Zahl alter Männer über Jugendliche und Adoleszente bestimmt, die ihren Körper (und oft auch ihre Psyche) an die alten Männer verkaufen, die mit ihnen Geld und Bedeutsamkeit verdienen. Wenn man so will, sind die Spieler moderne Gladiatoren, die sich einem Verein oder einem Verband oder schlicht einem Trainer unterwerfen. Sport, nicht nur der Fußball, ist oftmals eine Spielwiese für masochistische Bedürfnisse, sich einem mächtig erscheinenden Objekt zu unterwerfen, von dem man sich sadistisch quälen lässt, weil man sich erhofft, dadurch ein strahlendes, bewundertes Selbst zu erlangen. Wir nennen das narzisstische Gratifikation. Die dazugehörige unbewusste Fantasie lautet in etwa: Wenn ich mich dir und deinem Quälen unterwerfe, dann wirst du mich lieben und dann werde ich am Ende groß und leuchtend, gerettet und geliebt aus allem hervorgehen.

Und warum lieben wir den Fußball und schalten immer wieder ein, wissend um die Machenschaften der Scheichs und Multimillionäre, an denen auch deutsche Vereine mittun? Nun, Fußball ist eine Art großes Theater, eine Art globaler Tragödie in einem multimedialen Amphitheater, das Urbedürfnisse des Menschen zu befriedigen scheint, die bereits Aristoteles in seiner Poetik beschrieben hat. Das »Jammern oder die Rührung« sowie der »Schrecken oder das Schaudern« führten, so Aristoteles, bei den Zuschauern zur »Katharsis«, zu einer Art »Reinigung der Seele« von eben solchen Erregungszuständen. Daher suchen wir solche Möglichkeiten auf, und der Fußball scheint diese Bedürfnisse hervorragend befriedigen zu können. Auch die Werbe-Inszenierungen, die vor einem Spiel laufen, bedienen nicht selten den Affekt der Rührung: Da wird »Respect« hübsch bebildert, aber wo ist dieser angesichts der vielen Toten, die Fußballstadien in der Wüste Katars aufbauen halfen? Oder das Ehrenamt? Als würde sich in den Milliardenetagen der FIFA wirklich jemand dafür interessieren. Wir aber würden das so gern glauben, und wenn wir unseren kritischen Verstand zur Erholung einmal ruhen lassen, dann kann uns Fußball bewegen wie ein gutes Märchen.

Märchen rühren und beschäftigen unser Triebleben. Unsere triebhaften, in der Regel dann eben asozialen Wünsche werden durch Märchen und eben auch durch den Fußball angesprochen: die Hexe ermorden, im Sinne von das Böse dingfest machen, es vor allem außerhalb des eigenen Selbst zu lokalisieren, Mordgelüste via »Hexe in den Backofen« befriedigen, mit dem guten Gefühl, auf der richtigen Seite zu sein.

Betreten wir das gefüllte oder sich füllende Fußballstadion, dann betreten wir eine Art Märchenwald: Wir schreien unsere Leidenschaften heraus, brüllen vor Freude oder Wut, heulen, schreien, umarmen uns, fühlen uns aufgehoben in der Masse. Diese infantilen Bedürfnisse, die in jedem von uns schlummern und denen wir allemal für eine gewisse Zeit nachgeben wollen und sollen, weil wir uns damit von der oft schmerzhaften Realität erholen können, bekommen zusätzlich Rückenwind, weil wir in solchen großen und amorphen Massen regredieren, uns also kurzfristig nur sehr kindliche psychische Mechanismen zur Verfügung stehen: Es gibt nur Gut und Böse, wer das eine nicht ist, muss das andere sein. Ein Verlust, zum Beispiel ein verlorenes Spiel, fühlt sich kurzfristig wie eine existenzielle Bedrohung an, es kann zu Verzweiflungszuständen kommen, deren Intensität nicht zu dem realen Ereignis, das Spiel verloren zu haben, sondern zu anderen schweren Verlusten passen würde. In der Regel verliert sich dieser regressive Zustand, wenn wir den Märchenwald, das Stadion, wieder verlassen, erwachsene Dinge tun müssen, wie zum Parkplatz zu gehen und das Auto oder die Bus-Station zu suchen. Aber bei manchem kann dieser Zustand auch darüber hinaus anhalten …

Fußball wird also für viele Menschen einer der begehbaren Märchenwälder bleiben, in dem man sich gemeinsamen Fantasien hingeben, sich als Teil eines großen Ganzen bemuttert und bevatert fühlen und in dem man sich von den Lasten der Realität erholen kann. Es wird also eine schöne Nebensache bleiben.

Shoppen – Illusion einer Verwandlung

> »Wer sagt, dass man Glück nicht kaufen kann,
> hat keine Ahnung vom Shoppen.«
> (angeblich: David Lee Roth, Van Halen)

Das Shoppen, das Hoppen von Shop zu Shop ist inzwischen ein elementarer Zweig der Tourismus- und Freizeitindustrie und eine weitere Fundgrube für Alltagsneurosen bei der Arbeit. Es geht dabei eben nicht um den Einkauf, bei dem die notwendigen Dinge des Lebens erstanden werden, sondern um Kaufen ohne zwingende materielle Notwendigkeiten. Das Erjagen von Schnäppchen, das Horten und Sammeln von meist nicht benötigten Gegenständen und Kleidungsstücken, Shoppen als Wochenenderlebnis kann ja bei eingeschaltetem Verstand kaum als »vernünftig« angesehen werden. Vielmehr weist es auf eine unserer instinktgetriebenen, triebhaften Seiten hin, auf frühe und oft unbewusste Wünsche, die hier in sublimierter Form Erfüllung finden sollen – und doch oft nicht finden. Inzwischen gibt es ob der offenbar verbreiteten Sammelsucht schon sehr erfolgreich verkaufte »Aufräum-Ratgeber«.

Das Suchtartige des Shoppens zeigt sich manchmal, wie etwa im Jahr 2020, wenn zwei Sonnabende auf einen Feiertag fallen und die Deutschen diesem Wochenenderlebnis nicht nachkommen können. Rettung naht dann etwa im nahen Holland, wo der 3. Oktober bekanntermaßen kein Feiertag ist, dachten sich viele. Aber angesichts der Corona-Pandemie waren die Holländer aktuell nicht so begeistert. Der Shopping-Tourismus ist hier auch gut an katholischen Feiertagen zu beobachten, beispielsweise an Allerheiligen. In den Bundesländern mit überwiegend evangelischer Bevölkerung wird an Allerheiligen ja brav gearbeitet und entsprechend kommt es vor den grenznahen Metropolen in diesen Bundesländern zu langen Staus. 2020 fiel Allerheiligen auf einen Sonntag – leider.

Der allgemeine Sprachgebrauch vom Jagen, Horten und Sammeln umschreibt bereits die Instinktseite des Jägers und Sammlers in uns. Jagen und Sammeln war einst nötig, um zu überleben, mithin also existenziell. Mit dem Jagen verbunden ist aber auch die *Jagdlust!* Der Lustanteil verweist über das Existenzielle hinaus auf das Triebhafte, die Begierde, das Wollen. Die Jagdlust ist also ein unbedingtes Habenwollen, das rauschhafte (»Kaufrausch«) oder/und suchtartige Züge (»Kaufsucht«) annehmen kann. Die Kaufsucht ist ein schönes Beispiel für den fließenden Übergang von allgemein als gesund Befundenem zu Krankhaftem. Selbstverständlich hätte man in Mediziner- und Psychotherapeutenkreisen auch gern eine ICD-10-Klassifikation für diese Erscheinung, ist sich da aber noch unsicher, erwogen wird die Einordnung unter »Impulskontrollstörungen« (also ICD-10, F63.9). Schön. Aber wann ist das Shopping-Erlebnis pathologisch, wann ist es noch im Rahmen?

Eine diesbezügliche Leitlinie könnte die Unterscheidung sein, ob man mit seinem Kaufverhalten sich oder anderen beginnt zu schaden: also Geld ausgibt, das man nicht hat (und der Partner oder die Partnerin auch nicht mehr), das einen in die Verschuldung treibt, indem man Räume mit Gekauftem füllt, die man nicht mehr hat, sie zumüllt im Sinne des »Messi-Syndroms« und an mehr als so und so vielen Tagen in der Woche shoppen geht, es nicht ohne erträgt und dergleichen mehr.

Fraglich ist daran allerdings, dass bei einer solchen Einteilung bei jemandem, der zehn Hosen am Tag kauft und das Geld sowie den Platz dafür hat, das Selbstschädigende, das sein Shopping zur Krankheit machen würde, fehlt, während es bei einem ärmeren Zeitgenossen zur Einordnung ins Pathologische führen würde. Mein Kriterium für das Symptomhafte eines Verhaltens, also der Indikator dafür, wann ich ein Verhalten als ein

Symptom einschätze, ist in der Regel, *ob der oder die Betreffende die innere Freiheit hat zu entscheiden, ob er oder sie die entsprechende Handlung ausführen oder sie lassen kann.* Immer dann, wenn man spürt, dass man etwas aus inneren Gründen heraus vermeintlich *tun muss,* manchmal durchaus gegen eine Seite in einem selbst, die dieses Verhalten durchaus als nicht sinnvoll oder gar schädlich erkennt, erwäge ich, dass dieses Tun oder diese Eigenschaft ein Symptom sein könnte.

Aber wir müssen ja hier keine Klassifikationskriterien aufstellen, sondern wollen den Blick auf das Alltagsneurotische werfen, denn etwas Neurotisches ist so oder so dran. In der Regel kaufen wir deutlich mehr, als wir benötigen, wenn wir können (und oft auch dann, wenn wir eigentlich nicht das Geld dafür haben). Was treibt uns also zum »Sale«-Angebot, wenn etwas mit Preisnachlässen von 20 oder 30 Prozent »unter UVP« zu haben ist? Was treibt uns an vielen Wochenenden in die »Shopping-Malls«, um das fünfundzwanzigste Paar Schuhe, die zwölfte Hose oder einfach nur ein »Stehrumchen« oder »Staubeinchen« zu kaufen?

Die Antwort: unter anderem ganz, ganz frühe Wünsche, Lüste und eben Begierden. Wenn Psychoanalytiker von »früh« sprechen, dann beziehen sie sich in der Regel auf sehr frühe psychische und physische Entwicklungsstufen und die, die hier gemeint ist, gehört zu den ganz frühen. Gemeint ist die sogenannte *orale Phase* in der Entwicklung eines Menschen. Wir machen also erneut einen kurzen Abstecher von unserer Reiseroute hinein in die *orale* Phase.

> (i) Einer von Freuds vermeintlichen Tabubrüchen war, dass er sich vor mehr als hundert Jahren überhaupt mit der Frage der sexuellen Entwicklung des Kindes beschäftigt und diesem gar eine eigene kindliche Sexualität zugestanden hat. Seiner Theorie zur Folge durchläuft der Mensch von der Geburt

bis ins Erwachsenenalter eine *psychosexuelle Entwicklung* in fünf Phasen: die orale, die anale, die phallische bzw. ödipale Phase, die Latenz- und die genitale Phase.[31] Inzwischen sind diese Phasen in der psychoanalytischen Theorie und Praxis differenziert und erweitert worden, aber für eine erste Orientierung sind sie nach wie vor hilfreich.

Die **orale Phase**, die uns hier interessiert, beruht eben auf der Tatsache, dass wir als Säuglinge nun mal die ersten Monate unseres Lebens mit Saugen verbringen, folglich also Lippen, Mund und Mundhöhle im Dauereinsatz sind, unsere ersten Verbindungen zur Außenwelt herstellen und vor allem dafür sorgen, dass etwas *in uns hineinkommt,* damit wir satt und zufrieden werden. Wenn unsere Mütter uns stillen, dann saugen wir also zunächst an deren Brust (wenn nicht an einem Flaschensauger). Die Brust ist insofern etwas Besonderes, als sie lebt und auf das Saugen des Babys reagiert. Freud ging nun davon aus, dass dieses Saugen keineswegs der alleinigen sachlichen Nahrungsaufnahme dient, sondern – im Gegenteil – Lustgefühle hervorruft (im Übrigen kann dies sowohl bei Kind *und* Mutter der Fall sein). Für Freud zeigt sich darin auch die Tatsache, dass sexuelle Triebe sich ursprünglich an ganz vitale Bedürfnisse anlehnen.

Als Babys kommunizieren wir also ursprünglich überwiegend mit dem Mund und mit der Haut. Das »Wonnesaugen« erhält sich später oft als Daumenlutschen (oder E-Zigarette-Lutschen). Saugen, Lutschen, Beißen sind also Vorstufen der sexuellen Entwicklung und finden sich nicht zufällig in der erwachsenen Sexualität wieder.

Jetzt fragen Sie sich vielleicht: »Ähm, aber bitte, was hat das mit Shoppen zu tun, wenn ich nicht gerade einen Beate-Uhse-Laden aufsuche? Könnt ihr Psychoanalytiker denn immer nur an Sexualität denken? Nicht mal unschuldig einkaufen kann man.« Tja, »unschuldig« kann man bei uns tatsächlich nicht viel tun, wenn man damit meint, dass die Dinge, die wir tun, lediglich bewussten Motiven folgen. Wir gehen – aus guten Gründen, die alle aufzuführen ein eigenes Buch füllen würde – davon aus, dass wir bei (fast) allem, was wir tun, auch unbewusste Motive haben. Was hat also die orale Phase mit Shoppen zu tun?

Das Erkunden der Welt sowie die Selbst-Lust-Erhaltung via Mund sind verbunden mit dem Aufnehmen, dem In-den-Mund-Stecken, das ein In-sich-Stecken ist, also ein Vorgang der Einverleibung (die passager oder dauerhaft sein kann), der Inkorporation. Ist die Einverleibung vorübergehender Natur, dann wird sie zu einem Nehmen und (Wieder-heraus-)Geben. Nun kommen wir der Sache schon näher: Bei der Oralität geht es um Lust und Befriedigung auf der Ebene das *Habenwollens* und des *Nehmens*. Etwas ist da und es muss zu mir!

Dem Baby ist es dabei natürlich zunächst einmal vollkommen egal, wem die Brust gehört. Es erhebt unzweifelhaften Anspruch, diese zu besitzen, zu bekommen, was es braucht und was ihm damit zusteht. Später, mit gut einem halben Jahr, wenn die Zähne kommen, kann das Kleinkind Gegenstände noch besser festhalten und durch Zerkleinern zerstören. Zunächst mag es nur die Flasche oder die Brust sein, die man sich einverleiben möchte, aber irgendwann bekommt auch das Baby eine Ahnung davon, dass die Brust (oder die Flasche) jemandem gehört und, schlimmer noch, dass man nicht vollständig selbst darüber verfügen kann. Das Kleinkind tritt ein in den Kosmos der Enttäuschungen, auf die man wütend oder resigniert, gar depressiv reagieren kann.

Es geht also schon in dieser frühen Zeit der Entwicklung um den Wunsch, den anderen haben zu wollen, ihn sich einzuverleiben. Diese Einverleibung ist gewissermaßen die höchste denkbare Nähe. Dieses Phänomen zeigt sich auch in der

Redewendung, man habe jemanden »zum Fressen gern«. Es geht auch darum, sich durch diese Einverleibung zu stärken, besser oder größer zu werden, indem man sich Eigenschaften des Einverleibten zu eigen macht, um so die eigene Selbstrepräsentanz (das innere Bild, das man von sich hat) zu verändern, in der Regel zu verbessern. (Das ist durchaus auch ein Anliegen während der Eucharistie, wenn auch vielleicht ein »inoffizielles«.)

Fast alle kennen den Begriff des »Frustkaufs«: dass man sich etwas kauft, um sich zu trösten. Bekannt ist auch, dass man Liebeskummer zu behandeln sucht, indem man sich etwas »Schönes« kauft – gern etwas, mit dem man sich schöner, reicher, besser fühlt.

Beim Kaufen in der oben beschriebenen Form des Shoppens, des Kaufens ohne zwingende materielle Notwendigkeit, geht es um das Habenwollen, das Sich-Einverleiben (aus dem Kaufhaus in den heimischen Schrank). Wie stark der Wunsch zu *nehmen* ist, findet sich in der Alltagsfloskel: »Ich hole mir ...«, zum Beispiel einen Computer. Diese Formulierung legt nahe, dass der Computer irgendwo steht und man ihn sich einfach nimmt. Diese Redewendung leugnet die Gegenleistung, die erforderlich ist, in der Regel dafür Geld zu geben. Der Kauf ist also eigentlich ein Geben und Nehmen. Da aber der Wunsch nach Nehmen so stark ist, wird die Tatsache des Gebenmüssens (nämlich Geld) sprachlich geleugnet. Ich »kaufe« nicht, ich »hole«, das heißt, ich nehme einfach.

Es geht darum, etwas zu haben und sich damit zu füllen. Und dieses Bedürfnis empfinden wir umso stärker, je entleerter wir uns gerade fühlen. Dabei handelt es sich oft erst einmal um eine *Objektleere*. Der dringend benötigte andere, seine Zuwendung, der Kontakt mit der emotionalen Wärme und Liebe fehlt auf irgendeine Art und Weise. Der Kinderarzt und Psychoanalytiker Donald Winnicott hat nicht zuletzt darauf hingewiesen, dass Kinder oft mit dem Stehlen beginnen, wenn sie ihre Mutter vermissen. Dabei stehlen sie unter Umständen Dinge von sehr geringem Wert, aber sie müssen wieder etwas außerhalb ihrer selbst *haben*, mit dem sie die gefühlte Leere füllen können.

Diesen Diebstahl aus verlorener Liebe finden wir bei Erwachsenen in der etwas elaborierteren Form des Shoppens bei Liebeskummer. Liebeskummer kann ein echter Kummer wegen einer verflossenen Partnerschaft sein, aber auch einer über das allgemeine Gefühl, zu wenig geliebt zu werden, vom Chef, von der besten Freundin, vom Ehemann, vom Schicksal. Interessant ist es, dass Frauen wohl eher zum Shoppen neigen als Männer, die ihre oralen Bedürfnisse mitunter eher anderweitig befriedigen, vielleicht im Baumarkt (wozu einem orale Bedürfnisse vielleicht nicht zuerst einfallen) oder eben wirklich oral über das gemeinsame Konsumieren von Getränken oder das Rauchen (nicht, dass Frauen das nicht auch täten ...).

Mit dem Habenwollen ist, über das benötigte Maß hinaus, sehr eng die Gier verwandt. Nun sagt kaum jemand gern von sich, er sei gierig. Daher wird Gier gern in anderen verortet, in sie *projiziert*, zum Beispiel in den Wolf oder die Kinder oder die Freundin, die nie genug bekommen kann (was natürlich auch stimmen kann).

Mit unserer Gier tun wir uns schwer, dabei ist sie ein menschliches Grundphänomen. Wie heißt doch das Sprichwort: Da waren die Augen wohl größer als der Magen. Unsere Gier ist uns schon unangenehm in Bezug auf Materielles, aber noch komplizierter wird es, wenn wir gierig auf den anderen sind, seine Präsenz, seine Zuwendung, seine Liebe. Offenbar hängt die Entwicklung einer gesunden Gier von der oralen Phase ab. Wie gehen Erwachsene mit den existenziellen Grundbedürfnissen des Säuglings um? Sind sie in der Lage und willens zu geben? Oder verstehen sie die Bedürfnisse des Babys, das diese ohne jegliches Mitgefühl deutlich macht, als Angriff? Rationieren Erwachsene die Nahrungsaufnahme durch eine möglichst enge Saugöffnung im Nuckel der Flasche oder enthalten sie sie schlicht vor? Das sind durchaus Methoden, aufgrund derer im Kind ein Grundgefühl entstehen kann von: Es reicht nicht! Ich bekomme nicht genug! Ich werde nicht satt.

Übrig bleibt häufig das Gefühl, zu wenig bekommen zu haben. In erster Linie handelt es sich dabei um ein emotionales Defizit: Man hat zu wenig emotionale Wärme, Zuwendung, Liebe erfahren. Ein solches Kind leidet an emotionalem Hunger, ohne diesen einordnen zu können. Es versucht die gefühlte Leere irgendwie zu füllen: mit Süßigkeiten, mit Fernsehgucken, mit vielen Wünschen nach Materiellem, wie etwa Spielsachen.

Erwachsene verhalten sich im Prinzip genauso: Sie spüren eine innere Leere. Diese kann mannigfache Ursachen haben: Fehlende emotional befriedigende Beziehungen, fehlende stabile Selbstbilder (»Was bin ich für ein Mensch?«), fehlende Fähigkeiten, eigene Wünsche zu erkennen (»Was wünsche ich mir wirklich? Was brauche ich wirklich?«), fehlende Leidenschaften, die fehlende Fähigkeit, sich für etwas zu begeistern, etwas zu lieben. Es ist extrem unwahrscheinlich, dass ein Mensch, der sich innerlich als »gefüllt« erlebt, sich geliebt fühlt, sich selbst wertschätzen und andere lieben kann, der befriedigende Beziehungen zu anderen hat oder etwas leidenschaftlich gern tut, dass so jemand einer Kaufsucht verfällt.

Aber im Alltag erleben eben die meisten von uns das ein oder andere »orale Tief«, einen Zustand, in dem uns Zuwendung fehlt, wir uns unbewusst zurücksehnen nach der frühen, bedingungslosen Versorgung. Dann wenden wir uns *unseren* oralen Befriedigungen zu: ein genussvolles Essen, Rauchen, Trinken oder eben Shoppen. Wenn man so will, dann ist das ein kurzer Rückfall – nun in modifizierter, wir sagen auch, »sublimierter« Form in das ursprüngliche Saugen bzw. Gestilltwerden. Es wird ein Verlangen gestillt, so dass wenigstens kurzfristig Ruhe einkehren kann.

Eng verbunden mit dem Gestilltwerden und dem Shoppen ist der unbewusste *Wunsch nach Verwandlung*. Indem ich mir ein bestimmtes Objekt zulege, erhoffe ich mir eine Veränderung, eine Verwandlung meiner selbst – in der Regel zum Besseren. An die Stelle gefühlter Leere soll Fülle treten, so wie bei unserer Ursprungsverwandlung vom hungrigen zum gestillten Säugling. Der Psychoanalytiker Christopher Bollas prägte den schönen Begriff des *Verwandlungsobjekts*[32] für ein Objekt, eine Person oder auch einen Gegenstand, der unser Selbsterleben verändert. Das *Gefühl*, wenn ich diese Hose oder diesen Pullover trage, werde ich attraktiver, wertvoller. Die Werbeindustrie hat dieses Phänomen längst erkannt (vermutlich, ohne es in der Tiefe zu verstehen) und bedient es nach allen Regeln der Werbekunst: Für jedes Vorhaben gibt es heute ein *Equipment*, ob man Segeln, Radfahren, Laufen, den Hund ausführen oder am PC spielen möchte. Bei Sportausrüstungen zeigt sich die Verwandlungsfantasie durch den Besitz eines entsprechenden Objekts. »Wenn ich diese Sportschuhe trage oder dieses T-Shirt, dann geht bereits ein Teil des sportlichen Könnens auf mich über, ohne dass ich dafür viel tun muss«. Es reicht, sich etwas zu kaufen, um die Illusion zu nähren, man treibe bereits Sport (»Spätestens nächste Woche aber wirklich!«). Leider folgt die Enttäuschung hier oft auf den Fuß: Das Laufen bleibt anstrengend, obwohl man diese neuen supertollen Turnschuhe trägt, und dann kann es passieren, dass die Schuhe erst einmal im Schrank verschwinden.

Eng verbunden mit unserer Oralität ist die Fähigkeit zum Genießen! Wer genießen kann, kann in der Regel satt werden, nicht nur durch Essen. Genuss ist ein flüchtiger Vorgang. Man empfindet eine Weile die Befriedigung, das Gefühl des Sattseins. Wenn dieses Gefühl verfliegt, dann bleibt vielleicht eine länger anhaltende Freude über das Genusserlebnis: »Das Essen gestern war herrlich!«; das gute Gefühl, das an die Erinnerung des Essens gekoppelt ist, hält länger an und motiviert zu einem neuen Genusserlebnis. Wem die Fähigkeit, genießen zu können, fehlt, der kann sich zwar etwas einverleiben, aber er hat keine rechte Freude daran. Er isst vielleicht mehr und mehr, aber erlebt dabei keine genussvolle Befriedigung; er kauft sich schicke Klamotten, aber sie zu tragen erfüllt den Menschen nicht mit dauerhafter Freude.

Menschen, die genießen können, bekommen vielleicht etwas geschenkt, worüber sie sich »wie ein Kind« freuen können, und sie sind dann lange mit diesem Geschenk, vielleicht einem Buch oder einem Stift, beschäftigt. Sie freuen sich immer wieder, wenn sie das Geschenk benutzen. Das ist eine Fähigkeit, die das Leben lebenswert macht, denn die dunkle Ahnung ist ja, dass sich das Leben selbst verbraucht. Wir können es nicht horten, wir können es nur verbrauchen, indem wir möglichst viel davon genießen. Wenn wir können.

Nun gibt es das Phänomen, dass manche Menschen eben nicht verbrauchen und genießen können, zum Beispiel die gekaufte Kleidung gar nicht tragen, sie aber dringend *besitzen* müssen, indem sie sie in ihrem Schrank, der als erweiterter Behälter des Selbst dient, inkorporieren. Dieses Phänomen ist auch von sehr reichen Menschen bekannt, die wertvolle Gemälde erwerben, die nicht mal bei ihnen zu Hause an der Wand hängen, sondern in einem Tresor liegen. Aber welche Funktion soll ein Bild in einem Tresor haben? Man kann auch sechs Autos besitzen, doch nur eines zurzeit fahren. Nun kann man einwenden, dass ja schließlich nicht alle Menschen dreißig Pullover oder fünfzig Paar Schuhe im Schrank hätten. Natürlich nicht. Viele Menschen können, auch wenn sie wollten, sich das nicht leisten. Aber den Impuls, von etwas mehr haben zu wollen, als man benötigt, den dürften sehr viele Menschen spüren. Und um den geht es. Ob es nun Pullover sind oder Häuser, Autos, Boote, Geld oder Pappschachteln.

Das »Verbrauchen« hat die unangenehme Eigenschaft, dass etwas weniger wird, es irgendwann nicht mehr da ist. Der Verbrauch läutet also Trennung ein. Menschen halten solche Trennungen unterschiedlich gut aus. Manchen macht sie so viel Angst, dass sie gewissermaßen vorbauen und sich ganz viel anschaffen, damit es nicht zu schnell verschwindet, oder indem sie nichts verbrauchen, sondern lediglich besitzen. So kaufen manche Menschen Unmengen von Lebensmitteln mit abgelaufenen Verfallsdaten, weil sie so günstig sind, man so viel davon haben kann und weil es unerträglich wäre, wenn all die guten Sachen weggeworfen werden müssten; aber dann stehen die Joghurtpaletten im eigenen Kühlschrank, und da man diese nicht verbrauchen kann, wird der Joghurt darin schlecht, kann aber nicht entsorgt werden, weil man ihn dann ja nicht mehr besäße und sich von ihm trennen müsste. Man möchte doch aber möglichst alles behalten. Diese Erkenntnis führt uns zu einer weiteren frühen Entwicklungsphase, der *analen Phase.*

(i) Die **anale Phase** wird etwa in dem Zeitraum zwischen dem 12. und dem 14. Lebensmonat lokalisiert.[33] In dieser Zeit sind sämtliche Vorgänge, die sich mit der analen Körperöffnung befassen, von allergrößtem Interesse. Freud wies darauf hin, dass das Kind im Zusammenhang mit dem Anus und den Stuhlvorgängen Lust empfinden kann.

Auch wenn es den meisten Erwachsenen eher, sagen wir, speziell vorkommt, so ist es doch für das Kind eine geradezu ungeheuerliche Entdeckung, etwas in sich produzieren zu können und festzustellen, dass es selbst einen gewissen Einfluss darauf hat, wann diese »wertvolle« Substanz hergegeben oder wann sie behalten wird. Nicht umsonst verortet man rund um die Stuhlgangregulation Autonomie- und Machtkonflikte. Die Eltern stehen unter Umständen machtlos daneben, während das Kind auf dem Topf thront und die Macht hat zu entscheiden, ob es die Eltern mit dem gewünschten Stuhlgang, einem Geschenk, beglückt oder eben auch nicht.

Wer wüsste nicht, welche Dramen sich um die sogenannte Sauberkeitserziehung ranken können.

Die Kinder finden in dieser Zeit Gefallen an den eigenen Produktionen, was zum Schmieren und Spielen mit Kot führen kann und Erwachsene meistens weniger begeistert. Es geht um Toiletten, um das Hinterteil von Menschen und Tieren, um Kleckern, Schmieren, Ausschütten und Einfüllen.

Aber wenn das Kind erst einmal die neurologische Reife hat und den eigenen Schließmuskel kennen lernt, bekommt es einen ersten Zugang zum Geben oder Behalten! Und Behalten mag heißen: behalten und nicht hergeben wollen oder aber die Macht auszukosten, über die eigene innere Produktion, den inneren Besitz selbst verfügen zu können. Aus diesem Grund ordnet man beispielsweise die Entstehung von ausgeprägtem Geiz dieser Phase zu. Beim Geiz geht es um das Nicht-hergeben-Wollen. Der bekannteste Prototyp ist Dagobert Duck. Auch er hortet bekanntermaßen. Kinder bekommen unter Umständen Angst, man könne ihnen ihre wertvollen Dinge wegnehmen, und beginnen das Sammeln und eventuell auch Verpacken von Steinen, Autos, Stofftieren, Münzen etc. Oft gehört zur Angstbewältigung auch das Einhalten gewisser Rituale: Die Autos müssen farblich geordnet sein, die Stofftiere haben eine bestimmte Sitzordnung.

Das Lustvolle der Analität erhält sich durchaus bis ins Erwachsenenalter! Es gibt nicht wenige Menschen, die die Zeit auf der Toilette durchaus nicht nur als sachliche Ausscheidungsverrichtung sehen, sondern sich ihr – sagen wir, intensiv widmen. Da wird liebevoll für im Sitzen gut erreichbar Geschäftslektüre bereitgelegt und man möchte insgesamt möglichst ungestört genießen.

Wir lernen also, dass es in dieser frühen analen Phase um das Hergeben und Behalten geht. Sammeln und Horten dienen als Beruhigungsmittel gegen die Angst, es könnte einem etwas weggenommen werden, was im Übrigen auch wütend macht und, wie überhaupt die gefühlte Beschneidung von Autonomie, zu veritablen Wutausbrüchen führen kann. Und eben nicht nur bei Kindern …

Wir hatten in einem früheren Kapitel schon von der Regression gesprochen, dem »Rückfall« der Psyche auf eine frühere Entwicklungsphase. Wie war das noch mit dem Horten von Toilettenpapier zu Beginn der Corona-Pandemie? War es die Angst vor kollektivem Durchfall? Oder stand das Toilettenpapier symbolisch für den Hauptkonflikt in der analen Phase? Denn tatsächlich kam es während der Pandemie zu immer stärkeren (mindestens gefühlten) Einschränkungen der persönlichen Autonomie. Die Menschen hatten das Gefühl, in ihrer Freiheit beschnitten zu werden, und fühlten sich zudem durch ein unsichtbares Objekt bedroht und verunsichert. Folglich griffen sie auf einen frühen Beruhigungsmechanismus zurück: Sie begannen zu horten, vorzugsweise Toilettenpapier, Hefe, Mehl und Seife – vorwiegend Objekte der analen Phase, Sauberkeit und zugleich auch wegen der Angst, nicht genug zu essen zu bekommen.

Sammeln und Horten sind also Bastionen gegen die Angst, es könnte einem etwas Wertvolles genommen werden. Zugleich zeigen sie eine gewisse Unfähigkeit an, etwas herzugeben, gar zu verschenken! Es wird ein unerträglicher Verlust befürchtet, wenn etwas verbraucht wird. Wie für Dagobert Duck ist das Wissen um einen vollen Keller, Kleiderschrank oder ein sattes Bankkonto beruhigend, auch wenn man gar nicht vorhat, etwas davon zu verbrauchen, denn *verbrauchen* geht allein schon deshalb nicht, weil *es* dann weniger würde, was wiederum für starke Unruhe sorgen würde.

Die Angst vor dem Verbrauchen kann sich in einem ausgeprägten Geiz durchaus auch sich selbst gegenüber äußern.

Solche Menschen können sich nichts gönnen, verzichten, aus Angst, etwas hergeben zu müssen. Der Geiz sich selbst gegenüber kann zum Beispiel auch durch Idealisieren einer gewissen Askese verschleiert werden. Man isst wenig, weil es angeblich gesünder ist. Man trägt die älteste Kleidung, weil die neue auch nur alt wird, man geht nicht zum Arzt, weil der ohnehin nur Geld verdienen will und so weiter.

Auf jeden Fall geht man nicht shoppen, aber vielleicht versucht man bei eBay etwas Gebrauchtes für sehr wenig Geld zu ersteigern. »Pecunia non olet«, so heißt ein bekannter Spruch, »Geld stinkt nicht«. Warum sollte es auch?, könnte man sich fragen. Doch hierbei scheint in der Fantasie noch eine Verbindung zu bestehen mit der oben erwähnten analen Kontrolle bzw. Weigerung, etwas abzugeben.

»Drauf geschissen« sagen manche Menschen, wenn sie drastisch deutlich machen wollen, ihnen sei etwas so egal, dass sie sich auf dessen Besitz nicht angewiesen fühlen. In einem Akt trotziger Entladung geben sie etwas preis. Und unser oft nicht sehr geschätzter Ausruf »scheiße!« bezieht sich zumeist auf einen Moment des Kontrollverlustes: Etwas gelingt uns nicht, fällt nicht aus, wie erwartet, gleitet uns – konkret oder metaphorisch – aus den Händen.

Und erinnern Sie sich noch an die Häkelhüte, die früher manchmal auf der rückwärtigen Autoablage standen und schamvoll die darunter befindliche Rolle Toilettenpapier verhüllten? Warum das Häkelhütchen, wenn man ohnehin wusste, was darunter ist? Und warum stellt man es dann so schön sichtbar aus? Eine klassische Kompromissbildung zwischen einem exhibitionistischen Wunsch und einem Schamgefühl.

Nun, auf jeden Fall wissen Sie, dass ein solcher Autobesitzer womöglich eine gewisse Nähe zum Analen hat und vielleicht sehr genau darauf achtet, wie Sie parken …

Wölfe – Das Böse ist draußen

Ein alter Indianer erzählt seinem Enkel: »In jedem von uns wohnen und kämpfen zwei Wölfe. Einer davon ist der Wolf der Dunkelheit, des Neides, der Missgunst, der Verzweiflung, der Angst und des Misstrauens. Der andere ist der Wolf des Lichtes, der Liebe, der Lust und der Lebensfreude.« Der Enkel fragt: »Und welcher der beiden wird gewinnen?« Der alte Indianer antwortet: »Der, den du fütterst!«
(Überliefert)

Wenn man auf einer Party ist, die etwas abzuflachen droht, dann lohnt es sich unter Umständen, ein Statement zum Thema »Wolf« abzugeben, und ziemlich sicher werden sogleich sehr viele Affekte im Raum sein. Man kann fast genauso sicher sein, dass niemand in der dann folgenden hitzigen Diskussion seinen Standpunkt verändern wird. Die Fronten sind und bleiben verhärtet. Aber immer, wenn Themen sehr emotional sind, wenn also die Menschen etwas diskutieren und dabei mit ihren Gefühlen mehr oder weniger deutlich »überm Strich« liegen, ahnen wir, dass wir es hier mit etwas Neurotischem zu tun haben.

Nun kann man fragen: Wieso überm Strich? Man ist vielleicht nur sehr engagiert? Okay, aber dennoch haben wir ja ein gewisses Maß dafür, wie viel Emotion wir in einer Sache für angemessen halten. Und hier, in der Causa *Wolf* ist es doch zunächst einmal sehr überraschend, wie engagiert und emotional es zugeht, besonders auch bei denen, die noch nie einem Wolf in freier Wildbahn begegnet sind. Und das sind die allermeisten von uns. Dabei hat man bei uns in Niedersachsen beste Aussichten, Wölfen in freier Wildbahn zu begegnen. Im Monitoring-Jahr 2019/20 wurden in Niedersachsen 23 Rudel, 3 Paare und ein Einzelwolf gezählt (von 60 Rudeln, 6 Paaren und 6 Einzeltieren bundesweit).³⁴ Aber wenn man jemanden fragt, dann hat vielleicht mal ein Bekannter oder Freund jemanden gekannt, der fast einen Wolf gesehen hat, oder man ist sich beinahe sicher, dass das Tier, das man neulich beobachtet hat, doch sehr wahrscheinlich ein Wolf gewesen sein könnte. Jedenfalls habe man gehört, dass …

Also was hat es mit dem Wolf auf sich? Warum erhitzt er die Gemüter so sehr? Seine Auftritte im deutschen Märchenwald sind hinlänglich bekannt. Er gehört dort nicht zu den Sympathieträgern. Und deshalb macht es auch schon beim Hören der Märchen ein gutes Gefühl, wenn der Wolf am Ende bekommt, was er verdient: den Tod! Vorzugsweise mittels schwerer Steine, die man in seinen Bauch legt, welche dann zum Tod durch Ertrinken oder Schwäche und Unbekömmlichkeit führen. Wie du mir, so ich dir, lautet das Motto: Was er sich einverleibt hat, wird rausgeholt, dafür etwas Tödliches in seinen Bauch geschafft.³⁵ Am Ende der Geschichte hat die Welt ihre Ordnung und das Kind kann beruhigt schlafen.

Vielleicht gibt es zwei Gründe, warum wir Menschen oft nicht gut auf ihn zu sprechen sind: Der Wolf/Hund gehört zu den ersten domestizierten Tieren, wenn er nicht überhaupt das erste war. Der Hund ist vom Menschen abhängig und ihm zu Diensten, der heutige Wolf hingegen ist, wenn man so will, ein Tier, das sich der Domestikation verweigert und also für uns einen Kontrollverlust und vielleicht auch eine Kränkung darstellt. Jeder durch die Natur streifende Wolf (außerhalb der Tiergehege, wo wir ihn auch schön unter Kontrolle haben) ist von daher womöglich ein Angriff auf unseren Anspruch, Frau und Herr im eigenen Land zu sein. Dies ist also eine der Untaten des Wolfs: Er nimmt uns etwas weg! Tatsächlich stehen auf seiner Speisekarte ganz ähnliche frische Naturprodukte wie auf der unsrigen, und so geht tatsächlich auch eine Theorie, dass das Zerwürfnis zwischen Wolf und Mensch seinen Lauf nahm, als der Mensch sesshaft zu werden begann und es dem Wolf übelnahm, wenn dieser in des Menschen Lebens- und Vorratshaltung eingriff.

Und dann ist da heute der Schaden, den der Wolf in der Nutztierhaltung anrichtet. Im Jahr 2019 wurden ca. 2900 vom Wolf getötete Tiere gemeldet. Über 88 Prozent von diesen seien Schafe und Ziegen gewesen, das sind ca. 2600 Tiere.[36] Das sind eine ganze Menge! Hinzu kommt, dass der Wolf auf offener Szene tötet und nicht fein abgeschieden in irgendwelchen Schlachthäusern, die das Fleisch dann mehr oder weniger sorgsam zubereitet und verpackt in die verschiedenen Läden und Restaurants liefern. Nein, der Riss des Wolfs zeigt die ganze Brutalität und Blutrünstigkeit des Verzehrs. Der Schäfer oder ein anderer Nutztierhalter kommt morgens auf seine Weide und findet ein Bild des Grauens vor. Das ist schrecklich! Die meisten Menschen möchten so etwas nicht sehen, allerdings auch nicht wie es in Schlachthäusern zugeht – für Tier und Mensch. Die Corona-Pandemie hat ungewollt viele Augen geöffnet; plötzlich wurde sichtbar, was man sonst (auf den Wolf bezogen) irgendwo auf der grünen Wiese verortet hat.

Hinzu kommt, dass Schaf und Ziege häufig durch Domestikation alte Fluchtinstinkte eingebüßt haben und so eher eine leichte Beute sind. Zudem wird dem Wolf vorgeworfen, dass er mehr Tiere tötet, als er frisst. Lebensmittelverschwendung, wenn man so will. Und das ist ja nun auch ein ganz typisches Wolfsvergehen: seine Gier! Selbstredend möchten wir uns von solchen niederen Impulsen distanzieren. Entsprechend reden wir beispielsweise auch ungern davon, dass wir den Wolf töten möchten, stattdessen sprechen wir von einer »Entnahme« aus dem Bestand.

Zusammengefasst ergibt sich also häufig folgendes Bild: Der Wolf tötet unschuldige, ahnungs- und schutzlose Tiere, häufig auch süße kleine Lämmchen, er reißt sie erbarmungslos, auch mehr Tiere als er zum Sattwerden benötigt. Er ist gierig! Er kann töten und ist also gefährlich und brutal. Er nimmt keine Rücksicht auf die Bedürfnisse der Menschen, er macht, was er will, er ist triebhaft, das heißt, er folgt einzig seinen Bedürfnissen und Instinkten. Er vermehrt sich unkontrolliert; die Population wird größer und größer und immer weniger zu kontrollieren. Der Wolf entzieht sich der Kontrolle des Menschen, ja, er hat es sogar geschafft, unter einem gewissen Schutz zu stehen! Schutz für ein blutrünstiges Angriffstier? Auch das nimmt man ihm und seinen Schützern oft übel.

Wir kommen zu einer neuen psychoanalytischen Vokabel, dem Begriff der *Projektion*.

> Bei der **Projektion** werden einem Gegenüber, und das kann auch ein Tier sein, manchmal sogar ein Gegenstand, *eigene* Gefühle, Wünsche, Impulse und Motive zugeschrieben.[37]
>
> Dieser *unbewusste* psychische Vorgang ist ein Abwehrmechanismus recht archaischen Ursprungs und findet sich häufig bei der Paranoia.[38] Wichtig ist, dass dieser Vorgang auf Seiten des Projizierenden *unbewusst* verläuft, das heißt, er/sie weiß nicht, dass die Motive oder Gefühle, die er bei anderen zu erkennen meint, die eigenen sind. Häufiges Beispiel: »Der oder die ist ja wohl total neidisch!« Das heißt, die Projizierende unterstellt ihrem Gegenüber Absichten oder Gefühle und ist dabei absolut überzeugt, dass der-/diejenige so ist, wie die Projizierende ihn wahrnimmt. Dieser Vorgang funktioniert folglich am besten, je weniger man über den anderen weiß. In diesem Fall stört die sich sonst sehr aufdrängende Realität den Vorgang kaum. Das ist zum Beispiel häufig bei Personen des öffentlichen Lebens der Fall, bei Künstlern, Sportlern, Politikern, die wir – entgegen unseren Annahmen – fast nicht kennen und die wir daher gern mit eigenen psychischen Inhalten »füllen«. Die Projektion ist mithin ein *Abwehrvorgang*. Was soll hier abgewehrt werden?

Zum Beispiel psychischer Schmerz, Angst oder Unbehagen, wie sie aus einem *inneren Konflikt* resultieren können. Ein solcher Konflikt könnte zum Beispiel darin bestehen, dass wir ein Gefühl haben (zum Beispiel Neid), das wir aufgrund unserer Erziehung und Entwicklung in uns selbst nicht akzeptieren können, weil wir uns als »böse« oder »schlecht« empfinden würden, wenn wir solche Gefühle in uns wahrnehmen und sie uns auch bewusst zugestehen müssten. Also benutzen wir einen Trick, indem wir solche Gefühle anderen Menschen unterstellen und sie in diesen bekämpfen. Der Ursprung des Ganzen ist also eine psychische Regung, ein Gefühl, ein Wunsch, ein Motiv oder ein Impuls, den wir mit unserem *Selbstbild* nicht übereinbringen können, so dass wir das, was uns innen bedroht, nach außen projizieren. In diesen Fällen sorgt die Projektion für *Distanz* zwischen uns und dem Objekt, in das wir projiziert haben.

Es lässt sich aber mittels der Projektion auch Nähe und Vertrautheit herstellen,[39] indem wir dem anderen Motive unterstellen, die wir *bewusst* in uns wahrnehmen, die wir von uns kennen. Auf diese Weise machen wir den anderen in unserer Fantasie uns ähnlich und schaffen so eine emotionale Nähe. Auch dies funktioniert am besten je weniger wir über den anderen wissen. Unsere Schwärmereien im Jugendalter gründen beispielsweise häufig auf solchen Projektionen.

Die Projektion kann also der Entlastung von einem Konflikt dienen, zum Beispiel zwischen unserem Es und unserem Ich-Ideal oder unserem Über-Ich. Wir haben da vielleicht ganz triebhafte Ansprüche, Impulse, Wünsche ohne Rücksicht auf den anderen, wie sie in der Gier oder der Wut zum Ausdruck kommen. Zugleich schaut unser Über-Ich mit ernstem Gesicht und erhobenem Zeigefinger auf uns und unsere Impulse. Oder unser Ich-Ideal, unser Kompass dafür, wie wir meinen zu sein oder werden zu sollen. Wird nun die Diskrepanz zwischen diesen Instanzen und damit der Druck zu hoch, greifen wir vielleicht zur Projektion. Ein nicht ungeschickter Schachzug: Haben wir doch den Ursprungsaffekt, Gier, Neid, etc. im anderen untergebracht und können nun heftig dagegen wettern, und unser Über-Ich kann sich wieder zufrieden in den Schaukelstuhl zurücklehnen. Recht und Ordnung im Inneren sind wiederhergestellt. Dabei gibt es noch eine kleine Faustregel: Je heftiger gewettert wird, desto heftiger der Ursprungaffekt, dessen man sich zu entledigen versucht.

Tiere eignen sich sehr gut als Projektionsflächen, schon allein deshalb, weil sie nicht oft widersprechen. Und natürlich auch deshalb, weil sie von unserem Triebleben nicht weit entfernt sind. Hunde und Katzen erfüllen auf diese Weise eine wichtige psychische Funktion! Wir können ihnen nach Herzenslust unterstellen, was wir gerade so brauchen: unsere Nähewünsche oder unseren Ärger (»Er sieht mich so an, er weiß genau, dass es mir nicht gut geht!«; »Meine Katze kommt extra später nach Hause, weil sie genau weiß, dass ich heute eher losmuss!«). Ja, und der Wolf scheint nun eine Projektionsfläche par excellence zu sein. Er drückt sich in der Landschaft herum, er spricht nicht mit uns und die meisten von uns wissen auch nicht viel über ihn, aber auch nicht viel – und das liegt in der Natur der Sache – über ihre eigenen Triebbedürfnisse.

Realitätsprüfung ist ein Mittel gegen Projektionen. Werfen wir also mal einen Blick darauf: Der Wolf reißt immer häufiger Nutztiere. Das stimmt. Im Jahr 2010 waren es noch weniger als 200, im Jahr 2015 schon fast 800, 2016 mehr als 1000 und im Jahr 2019 schon ca. 2900 Nutztiere, die dem Wolf zum Opfer fielen. Und dazu nun der interessante Euphemismus: Wenn wir davon sprechen, dass »Problemwölfe« getötet werden sollen, dann war zuletzt oft der Begriff »Entnahme« zu hören. Gerade so als käme ein großer Greifarm, der den Wolf aus der Landschaft nähme und ihn woanders wieder absetzte. Würde dieses Vokabular auch für die Taten des Wolfs gelten, dann müsste es heißen, die Wölfe haben im Jahr 2019 fast 2600 Schafe und Ziegen aus ihrem Umfeld »entnommen«.

Schauen wir uns unsere Seite, die des Menschen, an: Im Jahr 2019 wurden 131.520 inländische Schafe und vier Tiere ausländischer Herkunft gewerblich geschlachtet und in Hausschlachtungen 11.640 Tiere. Im gleichen Jahr wurden gewerblich 859.639 inländische Lämmer (die kleinen, süßen …), 130.382 ausländische und in Hausschlachtungen 16.198 Lämmer getötet. Insgesamt also 1.149.383 Schafe und Lämmer im Jahr 2019. Bei den Ziegen schlagen bei gewerblicher und Hausschlachtung 24.715 getötete Ziegen zu Buche. Insgesamt kommen wir also für das Jahr 2019 allein in Deutschland auf die Zahl von 1.174.098 geschlachteten Schafen, Lämmern und Ziegen.[40] Wenn wir also die Tiere, die dem Wolf zum Opfer gefallen sind, ins Verhältnis zu den durch Menschenhand getöteten setzen, dann beträgt der Anteil der durch Wölfe getöteten Tiere, sage und schreibe 0,22 Prozent. Auf 1000 geschlachtete Schafe, Lämmer und Ziegen kommen also 2,2 Tiere, die der Wolf in derselben Zeit reißt. Das scheint keine wirkliche Bedrohung unserer Fleischvorräte zu sein.

Allerdings geht der Wolf bei seiner Jagd ästhetisch nicht sehr rücksichtsvoll vor, sondern veranstaltet mitunter ein ziemliches Gemetzel, anders als wir Menschen, die das in sterilen und geografisch abgelegenen Schlachthäusern auf scheinbar »humane« Art tun. Wenn man so will, führt der Wolf uns vor Augen, was Töten wirklich bedeutet, und das schätzen wir eben gar nicht.

Im gleichen Jahr 2019 kamen übrigens einhundert Wölfe durch Verkehrsunfälle zu Tode. Im Jahr 2019 »erlegten« wir mit unseren Autos etwa 295.000 Stück Rotwild, Damwild, Schwarzwild und Rehe. Das ist wohlgemerkt meistens keine absichtsvolle Jagd, sondern es handelt sich um ungewollte Unfälle, ca. 800 pro Tag! Soviel also zu dem oft bemerkten Affekt, der Wolf nehme uns etwas weg.

Noch ein Wort zu seiner Gefährlichkeit für Menschen: In der Studie des Norwegischen Instituts für Naturforschung (NINA) aus dem Jahr 2002 ist zu lesen, dass es seit dem 18. Jahrhundert in Deutschland und Österreich keinen tödlichen Wolfsangriff auf den Menschen gegeben hat.[41] In Europa wurden für die letzten fünfzig Jahre neun belegte Fälle gefunden, in denen ein Mensch von einem Wolf getötet wurde, und dies bei einem vermuteten Vorkommen von ca. 30.000 Wölfen in Europa.

Ist der Wolf nun gefährlich für den Menschen? Nimmt man die Statistik ernst, dann geht vom Reh eine deutlich größere Gefahr aus: Autoversicherer haben für das Jahr 2019 die besagten 295.000 Wildunfälle registriert. Rein rechnerisch kollidiert etwa knapp alle zwei Minuten ein Auto mit einem Wildtier.[42] Im Jahr 2019 kam es bei Wildunfällen für 2.477 Menschen zu einem Personenschaden, in 951 Fällen wurden Menschen durch ein anderes Tier auf der Fahrbahn verletzt.[43] Natürlich können dazu auch Unfälle mit Wölfen gehören. Dennoch scheint rein statistisch die größere Gefahr für den Deutschen das Reh zu sein und nicht der Wolf.

Sieht man sich auch noch die Zahl der rund 24.000 Wildunfälle mit Schwarzwild 2018/2019 an, muss man konstatieren, dass die Gefahr, hierzulande von einem Wildschwein angegriffen zu werden, deutlich größer zu sein scheint als von einem Wolf. Vielleicht nehmen wir das einem Wildschwein nicht so übel, weil es für uns auch als Wildschweinbraten in Frage kommt, ganz im Gegensatz zum Wolf. Und wie kann man sich eines Feindes besser erwehren als durch Inkorporation?

Der Wolf wird als »schlimm« erlebt, weil er dem Menschen in vielen, ihm selbst unangenehmen Eigenschaften ganz ähnlich ist. Er ist ein Säugetier, Fleischfresser, er will sein Rudel erhalten, kann aggressiv sein, ist gierig, mitunter blutrünstig, er hat einen sehr hohen Expansionsdrang und verteidigt sich, wenn es sein muss, im Kampf. Diese landläufig als unfein bewerteten Impulse sind uns also nicht fremd. Wir greifen mithin zum Mittel der Projektion, einer Variante des psychischen Outsourcings, und definieren diese (unsere) Eigenschaften als Eigenschaften des Wolfes, über die wir uns dann rechtschaffen empören können.

Dieses Mittel wenden wir häufig an, etwa auch gegenüber Geflüchteten, denen angehängt wird, sie nähmen uns etwas weg, wobei wir außer Acht lassen, dass wir Menschen von anderen Kontinenten jahrhundertelang ausgebeutet haben und in Teilen nur dadurch zu unserem westlichen Wohlstand gekommen sind. Aber wenn wir uns über die Gier der Besitzlosen ereifern, dann haben wir nicht so viel mit unserer eigenen Gier zu schaffen.

Insofern müssten wir den Wolf, wenn es ihn nicht gäbe, erfinden, damit wir in ihm das, was wir in uns nicht mögen, mit der Genugtuung, das Richtige zu tun, bekämpfen können.

Smartphones – Tausendmal berührt, ...

*»Gestern auf der Rückfahrt war mein Handy leer! –
Wusstet ihr, dass die U-Bahn Fenster hat?«*

Jeder kennt es. Fast jeder hat es. Oder hat es uns? In 97 Prozent der bundesdeutschen Haushalte gibt es ein Smartphone. 58,5 Millionen dieser kleinen Wunderkisten sind in Deutschland im Gebrauch. Damit ist das Smartphone so verbreitet wie Waschmaschinen (95,8 Prozent). Nur der Kühlschrank oder die Gefrier-Kühl-Kombination schaffen es in fast 100 Prozent der Haushalte.

Nur die Art und Weise, vor allem der Umfang der Nutzung unterscheidet es deutlich von den anderen Gebrauchsgütern. Wir schauen, je nach Studie und Alter, zwischen dreißig- und achtzigmal täglich auf dieses Gerät, Millennials (Jahrgänge 1980 bis 2000) zur Hälfte fünfzigmal, ein Viertel von ihnen gar hundertmal am Tag. Vom Smartphone trennen wir uns praktisch nie! Es ist daher auch das einzige »Gebrauchsgut«, das nicht eben selten in der Toilette den Elektro-Tod durch Ertrinken findet. Eine Studie des Technik-Versicherers »Square Trade« ergab, dass 12 Prozent der Befragten ihr Handy in die Toilette haben fallen lassen, 10 Prozent haben es mal auf dem Autodach liegen lassen und 9 Prozent haben es in der Waschmaschine mitgewaschen. Das Smartphone ist also immer nah dran!

Es fungiert fast wie ein Teil unseres Körpers, wenn nicht gar unseres gesamten physischen und psychischen Seins. Viele Menschen geraten in einen psychischen Ausnahmezustand, wenn sie ihr Handy verlieren oder es Schaden nimmt. Es scheint so zu sein, als würden Kinder und Jugendliche ohne Handy in ihrem

Leben keinen Sinn mehr sehen, so verzweifelt oder wütend ringen sie um seinen Besitz und stellen Eltern vor die Frage, wie man die Smartphone-Zeit der Schützlinge sinnvoll und effizient begrenzen und verhindern kann, dass der Nachwuchs zu einem »Smombie« wird. Diese Spezies der Neuzeit kann den Blick nicht mehr vom Display lösen, tritt dabei auch schon mal in eine frisch betonierte Fläche, fällt die Treppe herunter, bekommt einen Basketball ins Gesicht und verliert einen Zahn oder fährt mit dem Auto die Kaimauer hinunter ins Wasser. Es kann einem auch passieren, dass man von herumfliegenden Smartphones am Kopf getroffen wird oder sich auf der Suche nach einer Steckdose die Schulter auskugelt. Das alles habe ich mir nicht ausgedacht, das sind alles reale Fälle! Der ganz normale Wahnsinn also.

Es steht außer Frage, dass diese Mini-Computer uns auch vieles im Leben erleichtern und sehr viele positive Funktionen haben. Dennoch drängt sich der Eindruck auf, manches am Umgang mit diesen Geräten scheint übertrieben. Worin liegt nun also das Neurotische im Gebrauch der Smartphones? Neurotische Vorgänge, so hatte ich in der Einleitung gesagt, stellen oft inadäquate Lösungen von Konflikten dar, wobei das Inadäquate sich häufig auf das *geringe Maß an innerer Freiheit zu reagieren und auf die Intensität der Gefühle* bezieht. Wenn wir spüren, dass wir etwas tun *müssen* (zum Beispiel alle zwei Minuten auf das Handy zu sehen), wenn wir das Gefühl haben, dass unsere innere Freiheit sehr begrenzt ist, wenn wir nicht auf das Handy sehen können, dann haben wir definitiv ein neurotisches Symptom. Daraus versuchen wir uns häufig mit einem Trick herauszuziehen, indem wir behaupten, dass wir anders *könnten*, wenn wir denn nur *wollten*, aber jetzt gerade wollten wir eben nicht.

Der zweite Indikator für ein neurotisches Symptom ist ein unangemessen scheinender Affekt. Reagiert man also auf den Verlust seines Smartphones so, als wäre ein naher Angehöriger zu Schaden gekommen oder der geliebte Hund gestorben oder als hätte einem jemand einfach alles Wichtige im Leben genommen, dann stimmt etwas nicht. Sigmund Freud hatte die gute Idee, dass in einem solchen Fall, wenn Gefühle offenbar nicht zum sichtbaren Ereignis passen, diese *verschoben* sind, das heißt, es gibt einen Grund für die Heftigkeit der Gefühle, der den Betreffenden selbst nicht bekannt, weil unbewusst ist, gleichwohl beziehen sich diese Gefühle auf etwas anderes, als nach außen gewusst oder benannt wird. (Man denke an die Maus, von der am Anfang die Rede war und die es schafft, Menschen auf Stühle zu treiben.)

Suchen wir also nach den zugrunde liegenden Konflikten und dem Inadäquaten im Umgang mit Smartphones. Begriffe, die am häufigsten im Zusammenhang mit der übertriebenen Nutzung fallen, sind wohl *Abhängigkeit* und *Sucht*. Man kann zwar von allen möglichen Dingen, Substanzen und Menschen abhängig werden, die Frage ist aber, warum sich das Smartphone so besonders gut dafür eignet.

Die beiden Begriffe werden fälschlicherweise oft synonym verwendet, wodurch Abhängigkeit eine negative Konnotation bekommen hat, als sei es etwas Schlechtes, Peinliches oder Schädliches, sich abhängig zu fühlen. Dabei ist Abhängigkeit eine anthropologische Grundtatsache. Nur eine *nicht* gelöste oder *nicht* verarbeitete Abhängigkeit kann in eine Sucht münden, in die ständige Suche nach etwas. Wir beginnen unser Leben in existenzieller Abhängigkeit, als physiologische und psychologische Frühgeburt. Wir sind nach der Geburt körperlich wie auch psychisch von einer Form der Bemutterung abhängig. In der Entwicklungspsychologie spricht man von dieser Phase als einer *Symbiose*.

> ⓘ Die Bezeichnung **Symbiose** wird in diesem Zusammenhang als Metapher und nicht im biologischen Sinne verstanden. Biologisch drückt Symbiose aus, dass zwei getrennte Spezies für einen gemeinsamen Nutzen zusammenarbeiten,

in der Entwicklungspsychologie hingegen bezeichnet der Begriff gerade die Tatsache der Undifferenziertheit. Man geht davon aus, ein Säugling im Alter von bis zu fünf Monaten könne seine Mutter noch nicht als eine von ihm getrennte Person wahrnehmen, sondern sei psychisch mit ihr fusioniert. Eine Trennung von innen und außen, von Ich und Nicht-Ich, ist anfangs noch nicht möglich.[44]

Man versteht diese Symbiose als »halluzinatorisch-illusorisch somatopsychisch *omnipotente* Fusion mit der Mutter, [...] als illusorische Vorstellung einer gemeinsamen Grenze der beiden in Wirklichkeit getrennten Individuen«[45], als »unabgegrenzte Zweieinheit« (Dornes 2014, S. 917).[46] Es ist schwer, mit unseren erwachsenen Worten die vorerst sprachlose kindliche Welt des *infans* zu beschreiben. Das Kind verfügt eben noch nicht über eine sprachliche Bezeichnung wie »ich«. Dennoch bleibt uns nur zu versuchen, die mögliche Empfindungswelt des Babys in unseren Worten auszudrücken. Kurz nach der Geburt hat der Säugling nur das Bedürfnis, seine Homöostase herzustellen, einen möglichst spannungsfreien Zustand des Zufriedenseins. Jede Spannung ist unangenehm und so ist vermutlich die erste Einteilung unseres Lebens: »schlecht« oder »böse« für Spannungszustände und Unwohlsein und »gut« für Zufriedenheit, Schmerzfreiheit, Spanungsfreiheit. Man geht davon aus, dass die Mutter erst vom zweiten Monat an als ein mehr oder weniger verschwommenes Etwas wahrgenommen wird. Irgendwann vermittelt sich, dass dieses »bedürfnisbefriedigende Objekt«, wie wir Psychoanalytiker sagen, wahrgenommen wird, allerdings nicht in dem Sinne, dass der Säugling der Mutter zuschreiben könnte, sie könne ihn von Qualen erlösen. Nein, vielmehr scheint der Säugling es so zu erleben, dass beide eins sind, eine Art Riesenkomplex, der sich reguliert. Die Fähigkeit der Mutter ist die Fähigkeit des Babys, ebenso wie ihr Tun. Der Säugling schreit, die Mutter kommt und stillt.

In der Vorstellung des Säuglings ist es so, als hätte er das Handeln der Mutter herbeigeführt. Wir sprechen von dem *Gefühl der Omnipotenz,* tatsächlich befinden wir uns in dieser Phase aber in einer *absoluten Abhängigkeit*. Wir sind auf unsere Pflegeperson angewiesen, die uns am Leben hält und uns reguliert. Das ist gewissermaßen das Ziel dieser Symbiose: die existenzielle Grundsicherung und die Gefühls- und Spannungsregulation.

So *sollte* es sein. Das ist eine *normale* Entwicklungsphase, für die Mutter und Kind Zeit haben sollten. Einige Entwicklungspsychologen gehen davon aus, dass sich der symbiotische Zustand nicht nur auf die Zeit vom zweiten bis fünften Monat bezieht, sondern dass ein Kleinkind (und vermutlich auch ein Erwachsener) immer wieder solche Momente erleben kann, und zwar dann, wenn es schläfrig oder erregt und seine Wahrnehmungsfähigkeit eingeschränkt ist. In solchen Momenten erlebt es sich mit seiner Mutter oder dem frühen »Etwas« verschmolzen.

Kommt es in der symbiotischen Phase zu Störungen, etwa durch frühe, langanhaltende Trennungen oder – im Gegenteil – durch permanente Übergriffe, dann gestaltet sich die spätere notwendige Ablösung von der Mutter schwierig und kann mit verschiedenen Symptomen einhergehen. Die symbiotische Phase ist empfindlich, aber auch wertvoll, wenn sie gelingt. Manchmal, unter bestimmten Umständen, fallen wir psychisch in diese Phase oder in die Illusion dieser Phase zurück, wir sehnen uns nach der Verschmelzung, der Omnipotenz, die uns sicher, ruhig und zufrieden machen soll. Natürlich nicht, indem wir uns ins Kinderbett legen und nach Mama rufen (auch wenn es das in sehr schlimmen physischen und psychischen Krisen tatsächlich geben kann, wie beispielsweise im Krieg, in Todesangst und unter schrecklichen Schmerzen). Nein, dieser Vorgang zeigt sich zum Beispiel auch im Umgang mit Smartphones …

Manch einer pflegt zu diesem Gerät eine solche symbiotische Beziehung oder nutzt es als Medium, um eine symbiotische Beziehung zu anderen zu unterhalten. Ganz konkret haben viele Menschen ihr Smartphone ständig bei sich, meistens sogar am Körper oder neben dem Kopfkissen und eben auch auf der Toilette. Die Entwickler bemühen sich, dass es sich auch gut anfühlt! Die nach und nach erreichte »Wasserfestigkeit« ist vermutlich den vielen tödlichen Handy-Unfällen in Spülbecken geschuldet.

Warum nun ist das Handy immer dabei? Grundsätzlich drohen zwei Gefahren:
1. Man könnte etwas verpassen, etwa die Kontaktaufnahme eines anderen.
2. Es könnte sich das Gefühl einstellen, allein zu sein.

Dass jemand *mich* sucht, *mir* etwas mitteilen will, gibt mir das Gefühl, *vorhanden* und *wichtig* zu sein, und zugleich erweitert der andere mein magisches Konto von Kontakten: Ich habe per Handy ständigen Zugriff auf alle; alle sind jederzeit für mich da, so die Verheißung. Ich bin nicht allein! Der Kontakt gilt mir, ich bin wichtig und bedeutsam! Eine Nachricht zu bekommen, gemeint zu sein, erhöht das Selbstwertgefühl.

Freundlicherweise speichert unser Handy sämtliche Kontaktdaten für uns, je größer die Liste, desto größer die vermeintliche Sicherheit und Bedeutsamkeit. Sogenannte Push-Nachrichten können diese Illusionen noch verstärken. Sie kommen ungefragt (wenn man es denn zulässt) und suggerieren, dass wir so wichtig sind, dass man uns diese Neuigkeiten zuerst mitteilen will, damit wir gegenüber anderen, die diese Informationen noch nicht haben, wichtiger und bedeutsamer erscheinen können. Plötzlich scheint es nicht mehr wichtig, *was* man weiß, sondern dass man es *zuerst* weiß, schneller als die anderen. All dies gibt uns das Gefühl, bedeutsam und wichtig zu sein. Je mehr ein Mensch in diesem Bereich ein Defizit hat, desto mehr bleibt er auf Bestätigung angewiesen. Die Push-Meldungen stillen scheinbar eine nicht endende Sehnsucht: Jemand möge an uns denken, sich gar Gedanken über uns machen, sich in uns einfühlen! Gerade, wer diese Erfahrung zu selten oder gar nicht machen konnte, dürfte sich besonders auf diese Art von Zuwendung angewiesen fühlen.

Push-Meldungen beruhen auf Algorithmen, sie beziehen sich auf jene Daten, die wir im digitalen Orbit hinterlassen haben. Das meiste davon ist uns – logischerweise – nicht oder nicht mehr bewusst. Plötzlich erscheint unaufgefordert eine Art »Deutung« meiner Wünsche, so *als hätte* jemand über mich und meine Bedürfnisse nachgedacht und versucht, diese zu befriedigen. Dieser »Jemand« erinnert mich daran, dass ich mal »atmen« (sprich: mich entspannen) sollte, wie ein fürsorglicher Freund: »Komm, atme mal durch, entspann dich!« Oder er fragt, ob ich nicht Lust auf Pizza habe, erinnert mich, mich zu bewegen oder lobt mich (!), weil ich heute schon so tüchtig war. Es handelt sich in Wirklichkeit um Pseudodeutungen, um Surrogate. Surrogate machen aber nicht satt!

Weder hat da jemand ernsthaft über mich nachgedacht, noch geht es ihm gar um mich! Der schöne Schein trügt. Vielmehr ist das Handy zu einem kollektiven Fetisch geworden, einem fast heiligen Gegenstand, dem magische Kräfte zugeschrieben werden und dem wir uns – der alte Marx hat es ja immer schon gewusst – flott unterwerfen. Wer aus meiner Generation erinnert sich nicht daran, dass es lästig war, zu Hause angeben zu müssen, wann denn wohl in etwa mit der Rückkehr der Tochter oder des Sohnes gerechnet werden könne? Heutzutage melden sich Leute bei Programmen an, die jeden Schritt kontrollieren und allen anderen sagen, wann man was gelesen hat oder wann man zuletzt da oder dort war und so weiter. Und das passiert auch noch *freiwillig!*

Die magische Kraft, die das Smartphone hat, liegt darin, dass es das Gefühl suggeriert, etwas wert zu sein, eine Selbstwertsteigerung, und dass wir niemals mehr im Leben allein sein werden, weil »es« da ist. So kann man heutzutage überall und in allen Situationen telefonieren oder schriftlich in Kontakt treten. Fast überall! Oft ein Segen oder aber entsetzlich bestürzend: Man denke an Nachrichten von Menschen aus dem World Trade Center oder aus entführten Flugzeugen. Die Technik bietet Möglichkeiten, mit seinen Lieben in Kontakt zu treten, wo immer man auch ist, beispielsweise in einem Krankenhaus. Das ist meist gut und lindernd.

Aber warum muss überall telefoniert werden, zum Beispiel auch in sogenannten Ruheabteilen der Bahn? Der Verdacht liegt nahe, dass man dort telefoniert, weil man gehört werden will, die anderen wissen lässt, man sei unabkömmlich, gar eine besonders wichtige Person des öffentlichen Lebens. Permanent erreichbar zu sein, liefert den Beweis, bedeutsam zu sein. Das ist nicht nur nervig für die Umgebung, sondern es liegt darin auch eine gewisse Tragik: Indem man der *Fantasie,* unentbehrlich (und damit bedeutsam) zu sein, folgt, unterwirft man sich nicht eben selten einer massiven Ausbeutung. Durch Dauertelefonieren und permanentes Posten wird eine Grenze aufgelöst, und zwar die Intimitätsgrenze. Private Welt und öffentliche Welt sind oft kaum noch voneinander getrennt, was in einigen Berufsgruppen zu erheblichen Überlastungserscheinungen führt, weil Menschen in solchen Jobs ihre private Welt nicht mehr gegen die digitale Invasion verteidigen können. Gleichwohl geben viele Menschen ihr Privatleben freiwillig auf, indem sie es für öffentlich interessant erklären.

Der Psychiater und Psychoanalytiker Stavros Mentzos spricht in Bezug auf das Selbstwertgefühl von zwei intrapsychischen »Bankkonten«:[47] einem Girokonto und einem Grundkapitalkonto (wir könnten auch sagen, eine Art Festzins-Sparbuch aus früherer Zeit, als es noch Zinsen gab ...). Das Grundkapitalkonto entspricht unserem chronischen Selbstempfinden, unserem Selbstwertgefühl und Urvertrauen. Wenn das Schicksal, in Form unserer Eltern und Bezugspersonen, unserer körperlichen und gesundheitlichen sowie unserer kreativen Fähigkeiten, es gut mit uns gemeint hat, starten wir mit einem großen Grundkapital ins Leben.

Auf dem Girokonto landen die täglichen Erfolgs-, aber auch Misserfolgserlebnisse, Lob und Tadel durch andere und uns selbst, berufliche, private, zwischenmenschliche Freuden und Leiden. Auf diesem Konto geht es täglich hin und her. Es wird etwas abgebucht oder es kommt etwas dazu; es gibt solche und solche Tage. Wer nun ein gutes Grundkapital hat, der erträgt auch ein paar Tage lang ein Minus auf dem Girokonto, vielleicht nicht unbedingt bei bester Laune, aber nicht existenziell betroffen. Wer aber schon schlecht ausgestattet ins Leben startet, der muss sehen, dass er seinen dünnen Narzissmus-Kapitalstock über sein Girokonto ausgleicht. Meint: Er muss sehr viel arbeiten, sehr viele Erfolgserlebnisse reinholen, da werden Kosten durch Misserfolge extrem schlecht vertragen und führen schnell zu sogenannten narzisstischen Krisen, deren klinisches Bild oft eine Depression ist.

Nehmen wir also an, jemand hat eine nur sehr dünne narzisstische Grundkapitaldecke und braucht daher viele, sehr viele Selbstwertaufheller, dann könnte er oder sie – unbewusst – ein bisschen schummeln. Denn sich für einen oder mehrere Erfolge sehr anstrengen zu müssen, ist mühsam, und der Mensch ist oft bequem. So könnte man doch nach Wegen suchen, wie man schnell und ohne viel Aufwand zu »Selbstwerteinnahmen« kommt. Eine Möglichkeit: Man schließt sich einer Art »Selbstwertbörse« an, einer Plattform, auf der man anderen anbietet, was sie für ihr Selbstwertgefühl brauchen, und auf der man bekommt, was man selbst braucht: Kontakte! Man meldet sich bei einem Netzwerk an, das man wahrhaftig nicht immer sozial nennen kann. Kontakte scheinen eine Art psychischer Bitcoins zu sein, eine psychische Kryptowährung für Bedeutsamkeit und damit für die narzisstische Homöostase.

Aber aufgepasst, es handelt sich um eine empfindliche Währung! Wie gewonnen, so zerronnen. Es ist ein Durchlaufkonto, nie kommt man zu so viel Gewinn, dass man sein Grundkapital ernsthaft verbessern könnte. Das heißt, man ist ständig auf Nachschub angewiesen, muss sich immer wieder vergewissern, noch vorhanden, noch bedeutsam und nicht allein zu sein. Es sind eben oftmals keine echten Kontakte, sondern Kontaktsurrogate; sie sorgen für kurzfristige Beruhigung, aber die wirkliche Erfüllung, das Sättigungsgefühl bleibt aus, man bleibt abhängig und wird schließlich süchtig danach. Der Bezug zur Realität geht unter Umständen verloren.

Das könnte auch erklären, warum Menschen, selbst während sie jemanden treffen und mit diesem im Gespräch sind, die Smart-Kontakte als deutlich wichtiger erachten als den gerade gegenwärtigen Real-Kontakt. Wie oft sieht man, dass zwei Menschen sich – *eigentlich* – unterhalten, aber einer oder beide dauernd auf ihr Smartphone schauen oder sich diesem sofort zuwenden, wenn ein »Ich-habe-was-für-dich-Plong« ertönt. Besonders wirkungsvoll ist es, den Signalton laut zu stellen, um auf diese Weise allen um sich herum mitteilen zu können, wie sehr gefragt man ist.

Besonders bestürzend: Mütter oder Väter fahren ihre Babys spazieren und starren währenddessen fast dauernd auf ihr Handy. Nicht ohne Grund sind Kinderwagen so konstruiert, dass das Baby beim Gefahrenwerden denjenigen, der mit ihm unterwegs ist, *anschauen* kann. Bitte denken Sie an die symbiotische Phase. Das Baby braucht notwendig den Gesichts-, den Blickkontakt mit seiner Mutter oder seinem Vater. Es will in den Augen der Mutter sehen, *dass es gesehen wird!* Es will genau genommen sehen, dass seine Mutter oder sein Vater es toll finden. Es möchte die Interaktion: Das Baby macht etwas – Mama oder Papa reagieren – Mama oder Papa machen was – das Baby reagiert. Günstigenfalls finden sich alle gegenseitig toll. Tatsächlich ist aber plötzlich das Smartphone dazwischen.

Baby sieht zwar weiterhin das Gesicht von Mama oder Papa, aber was da in dem Gesicht zu sehen ist, das passt nicht zur Interaktion mit dem Baby. Und Baby merkt irgendwann, dass seine Mama nicht auf das Kontaktangebot reagiert, was in dieser Sequenz gleichbedeutend ist mit: Mama ist gar nicht da! Wer es nicht glaubt, dem seien die erschütternden »still-face«-Experimente von Edward Tronick empfohlen oder von Lise-Lotte Austadt.[48] Das heißt, Eltern, die andauernd auf ihr Handy schauen anstatt auf ihr Kind, reproduzieren permanent solche »still-face«-Situationen. Gleiches gilt, wenn man telefoniert, während man mit seinem Kind spazieren geht und das Kind nur nebenherläuft. Was lernt ein solches Kind? Ich bin nicht wichtig genug, dass man sich mit mir befasst, andere Dinge oder Menschen sind wichtiger. Hier werden gute Gelegenheiten verpasst, etwas auf das Grundkapitalkonto des Kindes einzuzahlen.

Stattdessen hat das Kind, wenn man so will, smartphonesüchtige oder surrogatkontaktsüchtige Eltern. Die Kontaktsurrogate wirken ähnlich wie andere Suchtmittel, etwa Alkohol: eine kurze emotionale Erwärmung, anschließendes Aufwachen und Spüren, dass die Wärme und die Beruhigung eine Täuschung waren, dann der Schmerz, die Spannung, die nicht aushaltbar scheint, und das neuerliche Konsumieren.

Da das Smartphone eine Sucht begünstigt, die viele teilen, wird diese als nicht so schlimm bewertet und vor allem als nicht so moralisch verwerflich wie beispielsweise eine Alkoholabhängigkeit. Und wenn man nicht gerade beim Telefonieren eine Kaimauer herunterstürzt, dann ist die Smartphone-Sucht körperlich nicht so schädigend wie Alkohol. Die psychischen Effekte, Abzug vom Leben und der Realität, Einengung, sich aufbauende Ängste und anderes mehr sind aber ganz ähnlich schädlich. Und wenn man dann liest, für viele Menschen gebe es kaum einen Grund, das Handy einen Monat lang wegzulegen, weder für eine Gehaltserhöhung um zehn Prozent noch für einen Gratisurlaub am Traumziel, dann wird durchaus deutlich, dass es sich hier um ein Suchtphänomen handelt.[49]

Man kann vermutlich sagen: Sämtliche Abhängigkeiten haben einen Kern in der Sehn-Sucht nach Verschmelzung mit einem Objekt (dem Suchtmittel), mittels dessen sich das Gefühl der Verschmolzenheit wiederherstellen lässt, einer Verschmolzenheit, die zur Regulation der Gefühle, zum Spannungsabbau verhelfen soll. Im Psychotherapeuten-Jargon sprechen wir von einer Regression auf die orale Phase.

Suchtmittel mit Einfluss auf die neuronale Funktion eignen sich insofern besonders, als sie ohnehin beruhigen und die Außenwelt abschirmen. Vom Alkohol weiß man, dass sich manch einer nach dessen Konsum größer fühlt, als er ist. Das Besondere am Suchtmittel ist, es steht immer zur Verfügung und hat keinerlei eigene Bedürfnisse oder es stellt diese in den Hintergrund wie die gute Mutter in der frühkindlichen Entwicklungsphase des Babys. Kann man das Smartphone gar nicht mehr aus der Hand legen, traut man sich nicht mehr ohne vor die Tür, weil dann etwas Unvorhergesehenes passieren könnte, dann ist man schon sehr nahe dran an der Abhängigkeit. Das ist zunächst die Abhängigkeit von dem Gerät in seiner Konkretheit. Es scheint den unendlichen und jederzeit verfügbaren *Kontakt zu simulieren,* einen Kontakt, der einem Schutz und Sicherheit gibt, eine Art virtueller, unendlich dehnbarer Nabelschnur. Tatsächlich aber ist dieser Kontakt selbst ein virtueller! Es ist allein die *Fantasie,* nicht allein zu sein, die hilft.

Das Smartphone bietet darüber hinaus eines im Überfluss: Ablenkung und Zerstreuung. Wovon wird abgelenkt? In der Regel von den eigenen Gedanken und Gefühlen.

(i) Der Kinderarzt und Psychoanalytiker Donald Winnicott prägte den Begriff der **Fähigkeit des Alleinseins**.[50] Diese Fähigkeit beruht unter anderem auf einer gut verlaufenden symbiotischen Phase, aber auch auf sich anschließender guter Bemutterung. Ist man allein, dann ist da – im Moment – niemand im Außen, der einem helfen könnte, seine Gefühle zu regulieren: unbändige Angst, Wut oder Freude. Wir müssen dann auf *innere Objekte,* auf Erfahrungen zurückgreifen, und zwar vor allem auf solche, die wir in unseren frühesten Beziehungen gemacht haben. Das heißt, wir müssen diese Beziehungen *verinnerlicht* haben. Das heißt weiter, wir können uns zum Beispiel vorstellen, X oder Y wären jetzt da und würden dieses oder jenes sagen oder tun. Das ist ein erster Schritt.

Wir müssen, um allein sein zu können, auch in der Lage sein, ein gewisses Maß an emotionaler Spannung auszuhalten. Diese kann in Wut, unbändiger Freude, Angst, Verunsicherung und dergleichen mehr bestehen. Üblicherweise entsteht in einem eine gewisse Lücke, also eine Zeitspanne zwischen meinem Erleben und der Möglichkeit, dieses Erleben mit einem anderen zu teilen. Diese Fähigkeit muss, wie ein Muskel im Sport, trainiert werden, und zwar angepasst an die jeweiligen Möglichkeiten der Psyche. Ein Baby kann solche Spannung kaum aushalten. Ein solcher Zustand, der zu lange anhält, ist schädlich! Früher hat man Babys schreien lassen, um ihnen »beizubringen«, dass nicht sie die Kontrolle haben; damit hat man viele Kinder traumatisiert – unsäglich. In diesem frühen Alter brauchen wir Menschen, die für uns fast die gesamte Spannungsregulation übernehmen. Aber je älter wir werden, desto mehr müssen wir lernen, diese Stück für Stück selbst zu leisten. Als es noch kein Handy gab, musste ein Kind beispielsweise warten, bis es zu Hause erzählen konnte, was es in der Schule erlebt hat. Jetzt geht das sofort. Das heißt, unser psychischer »Spannungsmuskel« wird kaum noch trainiert. Wir können alles sofort und ohne Wartezeit mitteilen und müssen nur selten »auf etwas sitzen bleiben«. Stattdessen verleiten die Geräte zu einer Art psychischem Durchfall: Noch bevor ich wirklich über eine Sache nachgedacht habe, sie emotional wahrhaben kann, entäußere ich mich ihrer sofort.

Was tun wir, wenn wir Angst haben? Nach Möglichkeit teilen wir uns in dieser Angst einem vertrauten Menschen gegenüber mit und hoffen, dass er uns beruhigen kann. Wie sieht so eine Beruhigung aus? Manchmal besteht sie darin, dass der andere uns unsere Angst nehmen kann, weil er einen besseren Bezug zur Realität hat und *wir ihm glauben*. Manchmal – wenn die Realität ängstigend ist – kann Beruhigung auch darin bestehen, dass der andere das gleiche Gefühl mit uns teilt, aber trotzdem hoffnungsvoll ist. Überhaupt geht es beim Beruhigen häufig um das Wecken der Hoffnung, dass der jetzige Spannungszustand sich bald wieder mildert.

Das ist eine der Hauptaufgaben, die Smartphones übernehmen: die *Illusion von Kontakt* und Verschmolzenheit zu schaffen, von Bedeutsamkeit, und für *Spannungsregulation* zu sorgen, indem man ein Gerät hat, das alles aufnimmt, was man loswerden will. Dafür bietet es verschiedene Kanäle an. Man kann sich in einer SMS entäußern, in Chats, in Sprachnachrichten, in zig anderen Optionen von Social Media. Sie alle dienen als Container, die psychisch Unverdautes aufnehmen sollen. Menschen können ihre Hetze, ihre Entwertung, ihren Hass in solche Container gießen (in diesem Fall müsste man von Kloaken sprechen). Sie sind es dann »erstmal los«, was für eine kurzfristige Spannungsabfuhr sorgt. Kurzfristig ist sie, weil man sich nur »auskotzt«, aber nichts verdaut, das heißt, psychisch verarbeitet. Und so dauert es nicht lange bis zum nächsten Hassanfall, dessen Ursachen weiterhin im Dunkeln liegen.

Oder man postet, was man alles Tolles (oder weniger Tolles) tut, isst, sieht – oder eben nicht wahrnimmt, weil man ja mit Fotografieren beschäftigt ist. Tatsache: Es gibt offenbar junge Leute (sie nennen sich Influencer), deren Lebensinhalt darin besteht, sich an einem besonders schönen Strand mit wehenden Haaren fotografieren zu lassen, stundenlang, mit 300 bis 800 Fotos – keine Übertreibung, selbst gesehen und gehört – und das Ergebnis dann zur Schau zu stellen. Sie wollen beeinflussen, möglichst viele. Die Frage muss aber erlaubt sein, warum ich mich von einer mir völlig fremden Person derartig beeinflussen lassen sollte. Zugleich ist es vielleicht kein Zufall, dass der Name phonetisch an die extrem invasive und aggressive Grippe, die Influenza, erinnert. Unbewusst lässt grüßen.

Selbstverständlich werden solche Fotos für diverse Portale bearbeitet und haben mit der Realität nicht mehr viel zu tun. Das Smartphone wirkt als ubiquitär anwendbare Verzerrungsfolie, die über der Realität liegt. Die postfaktische Selbstdarstellung scheint mitunter wichtiger als das Erleben der Gegenwart. Ich erinnere mich an eine kirchliche Feier, deren Feierlichkeit ruiniert wurde, weil der Augenblick durch Hunderte von Handys bestimmt wurde, mittels derer die Eltern »den Moment« festhalten wollten. Sie haben tatsächlich kaum das reale Bild gesehen, sondern den wichtigen Augenblick für ihr Kind nur durch einen 6 × 13 cm kleinen Bildschirm.

Die Kommunikation über das Smartphone oder anderweitig über das Internet ist letztlich eine indirekte Kommunikation, selbst in einem Video-Chat. Es ist keine Körper-zu-Körper-Kommunikation, sondern eine Übertragung vom eigenen Körper auf das eigene Gerät und weiter via Internet zum Gerät des anderen. Bestimmte sinnliche Reize sind bei dieser Form ausgeschlossen. Positiv gewendet: Genau das kann einem bestimmten inneren Konflikt eines Menschen entgegenkommen: *dem Nähe-Distanz-Konflikt.*

Wie die Bezeichnung schon vermuten lässt, wünscht man sich Nähe und Distanz gleichzeitig und hat vor beidem Angst. Man wünscht sich Nähe, emotionaler, körperlicher, sinnlicher Art und zugleich hat man aus bestimmten Gründen davor Angst. Vielleicht weil man eine solche Nähe einmal in schädigender Weise erfahren musste. Es ist dann ein bisschen wie auf dem Fünf-Meter-Turm: Man möchte springen und doch auch lieber wieder nicht. Man wünscht sich Distanz, ein Für-sich-Sein und hat zugleich Angst, allein und verlassen zu sein.

Das Smartphone bietet für diesen Konflikt eine Lösung, indem es eine Art Kompromiss anbietet: Man springt und springt auch nicht. Man springt, aber eben dann doch nicht fünf Meter tief ins Wasser. Es mag aber so aussehen, als ob … Der indirekte Kontakt, der manchmal nur ein Kontaktsurrogat ist, befriedigt ein bisschen das Bedürfnis nach Nähe, ohne dass ich mich wirklich in die Gefahr der Nähe begebe. Ein unmittelbarer Kontakt, sei er körperlich oder auch akustisch am Telefon, ist einer, bei dem einen der andere jederzeit treffen kann, im Guten wie im Schlechten. Ich bin seinen und er ist meinen Äußerungen unmittelbar ausgesetzt. Eine solche Kommunikation erfordert immer ein spontanes Antworten und bedeutet mithin immer einen gewissen Kontrollverlust in Bezug auf die Aktionen und Reaktionen. Das ist anders bei der Kommunikation über ein Medium, das speichert, was ich ihm anvertraut habe, und worauf der andere dann zugreifen kann, wann es ihm gefällt, und er Zeit hat, sich seine Reaktion zu überlegen – auch wenn diese Zeit mitunter nicht genutzt wird – so dass beispielsweise Mailkontakte eskalieren können. Das Medium erlaubt ein Mehr an Kontrolle, selbstverständlich auch über den Körper, der beim Schreiben oder Sprechen nicht unmittelbar sichtbar wird. All dies ermöglicht es manchen Menschen, geradezu in einen indirekten Kontakt zu treten, während sie vor einem direkten zu viel Angst haben. Wie groß die Differenzen zwischen beiden Welten dann sein können, zeigen beispielsweise die vielen scheiternden Internetbeziehungen, wenn plötzlich das Unkontrollierbare der Realität den Fantasien, die man zu einer anderen Person oder zu sich selbst hat, gegenübertritt.

Dennoch bietet das Smartphone große Vorteile für Menschen, denen der direkte Kontakt mit anderen Menschen Angst macht. Im direkten Kontakt ist das Gefühl der Kontrolle deutlich geringer (was häufig nicht bewusst ist), im indirekten Smartphone-Kontakt hat man – im wahrsten Sinne des Wortes – mehr Zugriff, ganz konkret und im übertragenen Sinne.

Selbstverständlich kann uns das Smartphone das Leben erleichtern, uns Dinge ermöglichen, die vorher deutlich mühsamer waren: Wege finden, Verspätungen anmelden, Fahrkarten kaufen und Punkte sammeln, man kann den Taschenrechner zu Hause lassen, den Kompass, den Zollstock, die Akten, die Bücher, alles ist in dem kleinen Zauberkasten enthalten. Aber es hat eben auch ein hohes Suchtpotenzial. Erst die süchtige Nutzung, welche auf innerer Gefangenschaft und Abhängigkeit beruht, macht es zu etwas Schädlichem.

Spiegelt also die letztlich *unkontrollierte* oder nicht mehr kontrollierbare Nutzung des Smartphones die neurotischen Elemente in der Beziehungsgestaltung der gegenwärtigen Menschen, so kann dieses technische Wundergerät auch entscheidend dazu beitragen, dass Realbeziehungen verkümmern und Lösungen für bestehende Spannungen nicht mehr möglich scheinen, also zumindest neurotisch bleiben. Es erzeugt dann das, was es zu lösen vorgibt.

Die gute Nachricht: Der Selbsttest ist einfach – einfach mal 24 Stunden weglegen? Digital detox – geht das?

Corona – Pandemie der Extreme

> »*Diese Pandemie ist eine demokratische Zumutung;
> denn sie schränkt genau das ein, was unsere
> existenziellen Rechte und Bedürfnisse sind.*«
> (Angela Merkel, 23. April 2020)

Es nützt nichts, wir müssen tapfer sein und uns – aus aktuellem Anlass – doch mit dem SARS-CoV-2-Virus, Auslöser für die Covid-19-Erkrankung und Pandemie im Jahr 2020, kurz: *Corona*, beschäftigen. Das ist nicht leicht, weil so viel dazu geschrieben und gesagt wird, dass Ermüdungserscheinungen hinsichtlich der Verarbeitung von Informationen fast unumgänglich sind. Egal, wo wir hingehen, wo wir reinschauen, was wir lesen, was wir tun, Corona ist schon da. So ziemlich jede und jeder fühlt sich berufen, über die Pandemie und ihre Begleiterscheinungen etwas zu sagen, etwas zu erklären. Auch in meinem Beruf gibt es derzeit kaum eine Fachzeitschrift, keine Tagung, die sich nicht irgendwie mit der Covid-19-Pandemie beschäftigt. Es liegt gewissermaßen zu sehr auf der Hand, steht zu sehr im Raum, als dass man darüber hinwegsehen könnte.

Dazu kommt, dass die Pandemie allerlei interessante und auch absurde Neologismen hervorbringt. Wir reden plötzlich von »Systemrelevanz« und »Corona-bedingt«. Die größte neue Absurdität ist die Wortschöpfung »verimpfen«. Von jemandem in die Welt gesetzt und von vielen wiederholt. Gemeint ist offenbar »verabreichen«, also jener Vorgang, bei dem man eine gewisse Dosis eines Impfstoffs injiziert bekommt. »Verimpft« haben sich allenfalls die Kolleginnen oder Kollegen, die statt einer Dosis eine Ampulle (also die 5- bis 6-fache Dosis) gespritzt haben. Da sprach man von einem »Verarbeitungsfehler«, meinte jedoch einen »Dosierungs-«, sprich Therapie- oder

»Kunstfehler«. Die Vorsilbe »ver« deutet ja gemeinhin an, dass etwas schiefgegangen ist. Es lohnt sich fast, ein Wörterbuch anzulegen.

Verzeihen Sie also, dass Sie dem Thema nun auch in diesem Buch noch begegnen, aber ein Reiseführer durch die Welt der kleinen und großen Neurosen ohne einen Blick auf die Corona-Krise wäre fast unseriös, da wir in diesen Tagen auf allerlei Neurotisches stoßen und zudem uns anhand der zum Teil bizarren Dynamiken noch mit wesentlichen Begriffen vertraut machen können, die für das Verständnis vieler Gruppendynamiken hilfreich sind. Versuchen wir uns also einen kurzen Überblick zu verschaffen: Wie fing es an?

Am 31. Dezember 2019 melden die chinesischen Behörden erste Covid-19-Fälle an die WHO, am 27. Januar 2020 gibt es den ersten Fall in Bayern (Kreis Starnberg), wo sich ein Mitarbeiter von Webasto bei einer chinesischen Kollegin angesteckt hat. Am 30. Januar erklärt die WHO eine gesundheitliche Notlage von internationaler Tragweite. Am 15. Februar wird der erste Todesfall in Europa aus Frankreich gemeldet. Am 23. Februar riegelt das schwer betroffene Italien die nördlichen Städte ab, am 27. und 28. Februar tagt der Krisenstab der Bundesregierung zum ersten Mal. Am 2. März gibt es Fälle in 60 Ländern, die WHO zählt bereits 3000 Todesopfer. Am 3. März beginnen in Hamburg die Skiferien und man fährt fleißig nach Österreich und Italien. Am 11. März stuft die WHO die Lage als Pandemie ein, am 16. März kommt es in Deutschland zum sogenannten Lockdown. Am 31. März melden die Behörden für Deutschland 67.000 Infektionen und 680 Tote.

Sicher erinnern Sie sich auch, wie Sie die Anfänge der Pandemie wahrgenommen haben. Sie schien zunächst einmal weit weg zu sein, sich irgendwo in China abzuspielen. Viele von uns haben sich anfangs damit getröstet, alles sei vielleicht nicht schlimmer als die übliche Influenza-Welle. Die Einschläge kamen näher, aber so richtig beunruhigt waren viele Menschen hier noch nicht. Im Nachhinein kann man vielleicht sagen, wir haben kollektiv geleugnet, dass das Ganze auch für uns zu einer Gefahr werden könnte. Diese Leugnung dürfte auch die Regierung ergriffen haben, denn es gab keinerlei Reisebeschränkungen für China und, wie wir später sehen konnten, auch nur rudimentäre Vorbereitungen, was notwendiges Material wie Masken und Desinfektionsmittel anging.

Leugnung gehört zu den frühen Abwehrmechanismen: Dabei wird die emotionale Relevanz, die eine bestimmte reale Situation hat, gewissermaßen herausgekürzt; man weiß um eine Gefahr, tut aber gleichzeitig so, als sei sie nicht vorhanden (fährt beispielsweise in Skigebiete, die bereits vom Ausbruch der Erkrankung betroffen sind). Dann versucht das Individuum, das eigene Sicherheitsgefühl zu verbessern, meistens, indem es irgendwie aktiv wird und sich seiner Selbstwirksamkeit versichern kann. Ich kann zum Beispiel einkaufen gehen und Vorräte anlegen. Interessanterweise wurden bereits in der letzten Februarwoche erste Absatzsteigerungen für Mehl, Seife und Nudeln bemerkt (die Absatzzahlen verdoppelten sich), die Nachfrage für Desinfektionsmittel stieg auf das Siebenfache, eine Woche später auf das Achtfache des üblichen Wertes.

Und dann die Sache mit dem Klopapier. Es passte ja zu schön, dass die zwanghaften Deutschen angeblich besonders scharf auf dieses anale Objekt waren. Tatsache ist aber wohl, dass auch in anderen Ländern Klopapier in Mengen gekauft wurde, in Skandinavien, den USA, Großbritannien und Israel. Lediglich in Ländern, die eine andere Analhygiene praktizieren, wie im Iran oder in Italien, fand man diesen Ansturm eher befremdlich. Und ja, es hätte auch so schön gepasst, dass die Franzosen Wein und Kondome hamstern, es scheinen aber eher die Baguettes gewesen zu sein, bis zu fünfzig, die von einer Person gekauft worden sein sollen. Und natürlich der Wein, wie in Italien und Spanien. In Amerika sollen sich vor den Waffengeschäften lange Schlangen gebildet haben. Nun ja.

Man kann vielleicht sagen, die Lage Ende Februar 2020 fing für viele Menschen an, etwas unheimlich zu werden. Und damit kommen wir zu einem für mein Dafürhalten wichtigen Punkt: *Für sehr viele Menschen, sagen wir mindestens für alle Jahrgänge ab 1950, war dies die erste große einschneidende international wirksame Krise!*

Die allermeisten Deutschen haben – Gott sei Dank – nach dem Ende des Zweiten Weltkrieges keine solche Krisenerfahrung machen müssen. Wir sind bisher mit keinerlei größeren Einschränkungen, sieht man von ein paar Sonntagsfahrverboten in den 1970ern ab, konfrontiert gewesen. Im Gegenteil: Wir leben in einer Zeit, in welcher die Autonomie, die Selbstentfaltung und -verwirklichung, das individuelle Interesse größtmöglichen Raum für sich beanspruchen, häufig genug auch vor dem kollektiven Interesse zum Beispiel an einer gesunden Umwelt oder dem Interesse der sozial Schwächeren. Wir leben in einer Zeit der Möglichkeiten, des uneingeschränkten Konsums (wenn man denn das nötige Geld dafür hat), des möglichst uneingeschränkten Reisens, der absoluten Bewegungsfreiheit. Und dann plötzlich das: Begrenzung, Einschränkung, Verzicht! Entsprechend reagierten wir bisweilen kollektiv hysterisch und gingen Mehl, Hefe und Toilettenpapier einkaufen. Je länger die Krise und die mit ihr verbundenen Einschränkungen anhielten, desto mehr veränderte sich die Stimmung, hin zu einer bisweilen sehr aggressiv gefärbten Atmosphäre.

Zunächst gefielen wir uns in unserer neu gewonnenen Fantasie der Solidarität. Man stellte sich auf die Balkone und applaudierte dem imaginierten Pflegepersonal. Man gefiel sich in der Rolle, sich einzuschränken und damit Leben zu retten. Bisweilen hatte das etwas von Über-Emotionalisierung und Selbstrührung. Dementsprechend hielt es auch nicht lange an.

Nachdem der Lockdown zunächst in manchen Teilen der Bevölkerung zu einer gewissen Entlastung und Erleichterung geführt hatte, man hatte plötzlich viel weniger Termine, durfte von zu Hause aus arbeiten, *musste* nichts unternehmen, *musste* keine Besuche machen, kippte die Stimmung besonders, als die Schulkinder immer länger zu Hause bleiben mussten. Man kann vielleicht sagen: Wir begannen zunehmend gekränkt zu reagieren, geradezu empört ob der Zumutungen, ob der Einschränkungen, die uns auferlegt wurden und unsere liebgewonnenen Gewohnheiten und Freiheiten drastisch störten. So etwas hatten wir noch nicht erlebt, wir waren in unserem Lebensgefühl des grenzenlos Machbaren, der grenzenlosen Freiheiten empfindlich gestört. Eine weitere drastische Störung schloss sich an: Unsere Fantasie der Unsterblichkeit ließ sich plötzlich nicht mehr so gut aufrechterhalten, angesichts der Bilder von Särge transportierenden Militärkolonnen und der täglich gemeldeten Todeszahlen, die an die Meldungen von Gefallenen in einem Krieg erinnerten.

In einer Zeit, in der die Lebenserwartung in unseren Breitengraden steigt, nun plötzlich eine solche Bedrohung von Leib und Leben. Wenn wir uns einer solchen, auch existenziellen Gefahr ausgesetzt sehen, beginnt schnell die Suche nach den Verantwortlichen. Diese sind in diesem Fall sehr klar auszumachen, es sind Unmengen von RNA-Viren, die sich rasant mit Hilfe unseres Körpers replizieren. Aber solche nur im Elektronenmikroskop sichtbaren Partikel eignen sich nicht gut als Beschwerdeadresse, also suchen wir sichtbarere Objekte, Personen, die in der Öffentlichkeit stehen und sich sehr viel besser als Prellbock für angesammelte Frustrationen und Ängste eignen. Zu einer Krise gehören immer ein hohes Maß an Unsicherheit und damit auch flottierende Ängste und ein gewisser Handlungsdruck. Unsicherheit, Ängste und Druck, das haben wir schon gehört, forcieren regressive Dynamiken, zu denen es gehört, sich an symbolische Elternfiguren zu halten, die dafür sorgen sollen, dass alles wieder gut wird. Gelingt ihnen das nicht, richtet sich die resultierende Aggression gegen diese symbolischen Eltern.

Wir schauen also auf die Entscheidungsträger, vermeintliche oder wirkliche Autoritäten. Unser unbewusster oder auch bewusster Wunsch an diese Menschen ist, dass sie uns beruhigen mögen. Dafür hatte beispielsweise der NDR – vermutlich nicht so ganz bewusst – ein hervorragendes Setting erfunden: Man brachte einen täglichen Podcast mit dem Virologen Christian Drosten, der ruhig und sachlich alles rund um das Coronavirus erklärte. Er wurde zu einer symbolischen Elternfigur, die verlässlich präsent war (auch nicht krank wurde), mit einem hohen Vorrat an Geduld, die jeden Abend wie das Sandmännchen rituell auf uns einwirkte, wenn wir es denn wollten. Irgendwann wurde es dem Virologen offenbar selbst unheimlich, in welche kollektive Übertragungsposition er da gerutscht war. Er veränderte das Setting, reduzierte die Frequenz (oder die Beruhigungsdosis), was antiregressiv wirken kann. Podcast nicht mehr täglich, sondern nur noch alle zwei Tage und so weiter. Christian Drosten erklärte, mahnte, informierte, appellierte also auf bewusster Ebene an unsere kognitiven und rationalen Fähigkeiten, was ebenfalls antiregressiv wirkt. Wir hatten etwas, mit dem wir uns beschäftigen konnten, uns gut informiert vorkamen und so ein Gefühl von Kontrolle zurückgewinnen konnten.

Selbstverständlich war nicht nur Christian Drosten in dieser Position, sondern auch andere Virologen, Ärzte, Mediengrößen. Es folgte die Zeit der »Speziale« und »Brennpunkte« im Fernsehen. Jeden Tag, meistens zur gleichen Zeit die Zusammenfassungen des Tages, die irgendwann kaum noch neue Erkenntnisse brachten, aber beruhigen sollten. Die Nation, die sich sonst über Netflix, DAZN, Amazon, Sky, Öffentlich-Rechtliche und andere verteilt, fand sich nun zu diesen Sendungen zusammen wie zum sonntäglichen »Tatort«. Und dann natürlich die Politiker, allen voran die Kanzlerin: Wann wird sie eine Regierungserklärung abgeben? Welche Maßnahmen werden ergriffen?

Als die Zahl der sterbenden Menschen anstieg und die schrecklichen Bilder aus Italien zu uns kamen, hatte die Angst auch bei uns offenbar viele Menschen erreicht, die Unsicherheit stieg. Die Regierung stand krisengemäß unter Handlungsdruck, die Menschen wollten sehen, dass etwas getan wird, weil *tun* heißt, dass man Kontrolle hat oder sie zumindest wiedererlangen wird. Es kam der Lockdown, der hier in Deutschland gar kein echter war, weil es hier keine absolute Ausgangssperre gab. Die Menschen schienen sich zu fügen und damit zunächst ganz zufrieden zu sein, so zufrieden, dass sich wiederum kritische Töne mehrten, wie es denn sein könne, dass die Deutschen so bereitwillig auf Grundrechte verzichteten. Dass solche Maßnahmen so unterschiedlich eingeschätzt werden, liegt unter anderem an der unterschiedlichen Verteilung der Ängste, an deren Ausmaß, dem Umgang mit ihnen und der Fähigkeit zur Leugnung. So wie Menschen mit der Nachricht, unheilbar erkrankt zu sein, sehr unterschiedlich umgehen, gehen sie auch in einem solchen Fall sehr individuell mit ihren Gefühlen um.

Christian Drosten hatte einen großen Fehler: Er konnte die Ausbreitung des Virus nicht verhindern, auch nicht den Lockdown! Das ist häufig eine Crux mit solchen Elternfiguren: Je größer die Ängste und die Unsicherheiten, wobei diese nicht zwingend bewusst sein müssen, desto größer die Erwartungen an Elternimagines, die ins Magische gleiten können: Eltern sollen machen, dass alles wieder gut wird! Und wenn ihnen das nicht gelingt, dann kann die Stimmung kippen. Wir sprechen davon, dass die anfängliche *Idealisierung* in *Entwertung* umschlägt. Beide Vorgänge gehören zu einem wichtigen sehr frühen Abwehrmechanismus, dem der *Spaltung*.

> ⓘ Eines der wichtigsten Konzepte zu diesem Phänomen stammt von dem Psychoanalytiker Otto F. Kernberg, der es im Zusammenhang mit Borderline-Störungen untersuchte.[51] Das bekannteste **Spaltungsphänomen** ist die Aufteilung der »äußeren Objekte«, also von Menschen in »total gut« oder

»total böse«. Menschen mit Borderline-Persönlichkeitsstörungen und narzisstischen Störungen neigen häufig zu solchen Aufteilungen, die sich darin zeigen, dass ein und derselbe Mensch in einem Moment als der tollste, liebste und beste von allen gesehen werden kann und im nächsten Moment als der schlimmste, böseste und gemeinste unter der Sonne. Solche Aufteilungen können sich auch auf verschiedene Menschen verteilen, dann ist der eine nur gut, der andere nur schlecht.

Ist die Welt oder der Mensch in »gut« und »böse« aufgeteilt, dann fehlt die Fähigkeit zur Integration, das heißt, es fehlt die Fähigkeit anzuerkennen, dass ein und derselbe Mensch mal gut und mal böse sein kann, oder fast immer gut und auch mal böse ist. Man hat auch nicht die Distanz zu sich selbst, um zu erkennen, dass das, was mir böse vorkommt, vom Objekt her betrachtet nicht zwingend böse ist, sondern der andere vielleicht nur seinen Möglichkeiten oder Interessen folgt, wenn er zum Beispiel für mich keine Zeit hat. Bewegt sich ein Mensch nahe an einem solchen Niveau der Spaltung, dann ist seine Urteilsfähigkeit stark narzisstisch eingefärbt und frustrationsabhängig, das heißt, er beurteilt andere danach, ob sie *für ihn* »gut« oder »schlecht« sind, was meistens bedeutet, ob sie die eigenen Bedürfnisse erfüllen oder nicht. Dieser Vorgang ließ sich bei Donald Trump quasi täglich beobachten.

Allerdings kommen diese Phänomene nicht nur bei Menschen mit Persönlichkeitsstörungen vor, vielmehr können wir alle bei einem entsprechenden Regressionsniveau, zum Beispiel in einem Krankenhaus, in einem Fußballstadion und eben im Rahmen einer gefühlten großen äußeren Bedrohung, solche psychischen Rückfälle erleiden. Dann ist die andere Mannschaft im Stadion nur blöd, die anderen sind es, die foulen, während die eigene Mannschaft ja so fair spielt. Oder der eine Arzt ist durch und durch nett, während es dem anderen offenbar egal ist, ob er uns umbringt. Solche Rückfälle in unsere psychische Entwicklungszeit sind in der Regel passager und beruhigen sich wieder, wenn Gefahr, Angst, Unsicherheit und Wut nachlassen. (Hat die eigene Mannschaft das Spiel gewonnen, kann man hernach ja wieder so viel großzügiger sein …)

Derartige Spaltungen können aber auch länger anhalten, zum Beispiel dann, wenn die Bedrohungslage anhält und wenn man diesen Effekt mit sehr vielen Menschen teilt.

Um den Mechanismus der *Spaltung* zu verstehen, muss man noch Kenntnis von zwei anderen frühen Abwehrvorgängen haben, der *Idealisierung* und der *Entwertung*. Beide Vorgänge sind dem Prozess der Spaltung inhärent.

Bei der **Idealisierung** werden äußere Objekte als »total gut« angesehen, sie sind bar jeder Kritik, werden bewundert und man vertraut ihnen gewissermaßen blind. Dadurch werden die Objekte zu sehr machtvollen Strukturen. Deren Macht gibt dem Idealisierenden die Sicherheit, die er sucht, so dass Menschen sich an solche idealisierten Objekte regelrecht anzuklammern scheinen. Von außen mag ein solches Anklammern manchmal mit Liebe verwechselt werden, allein damit hat es nicht viel zu tun. Solchermaßen idealisierte Objekte haben für den Abhängigen einen rein funktionalen Nutzen, sie werden allein nach dem Gewinn, den man von ihnen haben kann, bewertet. Denn: Je machtvoller ein solches idealisiertes Objekt ist, desto mehr kann es einen gegen sämtliche Bedrohungen der Welt, die äußeren wie die inneren, schützen. Zugleich kann man sich mit der Allmacht eines solchen Objekts identifizieren und so an seiner Größe und seinem Glanz psychisch teilhaben.

Der Gegenpart zur Idealisierung wird von der **Entwertung** gebildet, die in der Regel nicht weit entfernt zu finden ist. Sobald das idealisierte Objekt den erhofften Nutzen nicht vollständig erbringt, es nicht mehr der Bedürfnisbefriedigung dient oder den erhofften Schutz nicht zu bieten vermag, wird es hemmungslos fallen gelassen und entwertet. Es ist nun nicht mehr »total gut«, sondern enttäuschend, unfähig, schlecht. In der Entwertung kommt dann auch die meistens verdrängte Angst vor diesen – in der Fantasie – doch so mächtigen Objekten zum Vorschein. Ihre Macht könnte sich schließlich gegen einen selbst richten, und damit das nicht passiert, beginnt man diese Menschen innerlich zu demontieren, sie wieder machtloser zu gestalten, so dass man nicht so viel Angst vor ihnen haben muss.

Diese Prozesse ließen sich während der gesamten Corona-Krise auf mehreren Ebenen verfolgen: Zunächst traf es Christian Drosten, der in einem Interview mit dem »Guardian« davon berichtet, Morddrohungen zu bekommen, die er an die Polizei weiterleite. Es würden ihm auch Menschen schreiben, dass sie drei Kinder und Angst vor der Zukunft hätten. Er stellt in diesem Interview fest: »Es ist nicht mein Fehler«, aber solche Mails würden ihn nachts wachhalten.[52] Wie kommt man dazu, einem Wissenschaftler wie Drosten Morddrohungen zu schicken? Indem man sämtliche Hassgefühle auf ihn projiziert, ihm für die eigene und die gesamte Situation die Verantwortung zuschreibt. Zugleich fühlten sich viele Menschen offenbar von ihm bedroht, einem Menschen, den sie in ihrer Fantasie mit einer unermesslichen Macht ausgestattet hatten. Wenn diese Macht ihnen nicht helfen oder diese sich (gefühlt) gar gegen sie richten konnte, dann setzte der Prozess der Entwertung ein, die bis zur fantasierten Destruktion, zur Auslöschung des Objekts ging.

Gleiches traf auch Politiker, Regierungsmitglieder oder Polizisten. Sämtliche Objekte, die man in der Fantasie und mittels der Übertragungen mit viel Macht ausstatten konnte, wurden, nachdem die Pandemie nicht einfach aufhörte, als Bedrohung ausgemacht. *Sie* waren es plötzlich, die an allem schuld waren.

Man begann ihnen Fehler vorzuhalten, die sie zweifelsohne gemacht hatten. Aber die Heftigkeit, mit der man den Verantwortlichen diese Fehler vorwarf, beruht eben auf dem zugrunde liegenden Allmachtanspruch, auf der Idealisierung, dass sie als Elternfiguren es richten müssen, und zwar fehlerfrei! Das ist selbstredend ein nicht einzulösender, infantiler Anspruch, so wie ein Kind in einem bestimmten Alter nicht bereit ist, den Eltern einen nachgewiesenen Fehler durchgehen zu lassen. Denn wo soll so etwas hinführen, wenn Eltern Fehler machen? Dann kommt die kindliche Welt ins Rutschen.

Wissenschaftlern wurde vorgeworfen, dass sie ihre Ansichten geändert hätten. Doch es ist an sich eine Qualität, ja geradezu eine existenzielle Substanz von Wissenschaft, dass sie dazulernen kann und bereit ist, sich selbst zu widerlegen. Natürlich erleichtern in solchen Gemengelagen die narzisstischen Konflikte untereinander die Orientierung nicht gerade. Sowohl unter Wissenschaftlern als auch unter Politikern ging es immer wieder auch um Reputation, darum, Plätze in der oberen Etage zu besetzen, sich als besonders verantwortlich, besonders umsichtig, besonders klug zu zeigen.

Nach anfänglicher Beruhigung der Infektionslage durch die einschränkenden Maßnahmen wuchsen im Laufe der Zeit, als sich die Fantasie, das alles möge vielleicht bald ein Ende haben, in der Realität als Irrtum erwies, Stress, Beunruhigung, Verunsicherung und damit die aggressive und weiterhin von Spaltung bestimmte Grundstimmung. Diese trieb teils bizarre Blüten, die einem im Alltag bis heute begegnen können.

Die einen, die sich ganz und gar mit den Schutzmaßnahmen identifizieren und diese bisweilen militant zu vertreten suchten. Da konnte man im Supermarkt plötzlich Zeugin werden, wie sich zwei Männer fast tätlich angriffen, weil der eine für den Geschmack des anderen den notwendigen Abstand nicht gewahrt hatte. Oder man wurde plötzlich vor den Grenzen des Wochenmarkts, auf dem die Maskenpflicht gilt, angebrüllt, warum man seine Maske nicht aufhabe (die man an genau dieser Stelle aber noch gar nicht aufhaben musste). Ebenfalls zu beobachten: die Wiederkehr des Denunziantentums: Plötzlich fühlten sich Mitbürgerinnen und Mitbürger berufen, reale oder vermeintliche Maskenverstöße an das Ordnungsamt zu melden oder die Polizei zu rufen, sollten die Nachbarn möglicherweise im Garten gegen die erlaubte Versammlungszahl verstoßen. Dies alles erfolgte in einer mitunter zwanghaften Verbissenheit. Fühlte man sich auf der »richtigen« Seite, war es auf diese Weise möglich, seine Aggressionen und Frustrationen zu entladen.

Auf der anderen Seite diejenigen, die sich von den Infektionsschutzmaßnahmen in unzulässiger und demokratiegefährdender Weise eingeschränkt sahen. Sie begannen sich mehr und mehr zu organisieren und ihrer Kritik am Staat, den sie für global schuldig halten, massiv Ausdruck zu verleihen. Oder diejenigen, die sich bewusst und absichtlich nicht mehr an die vorgegebenen Hygienemaßnahmen hielten, deren Sinn sie negierten. So gab es immer wieder Familienfeiern, die zu Infektionsausbrüchen führten. Ebenso wie man sich in den fleischverarbeitenden Betrieben nicht an die genannten Maßnahmen gebunden fühlte, da man hier für sich andere Rechte in Anspruch nahm. Auch dieses sind Maßnahmen zur Ableitung der aufgestauten Aggression und Frustration, die zum einen diese Pandemiewelle mit sich gebracht hat, die aber zum anderen auch bereits *vor* der Pandemie bestanden und hier nun ein Vehikel zur Entladung gefunden hatten.

Das Phänomen der sogenannten Verschwörungstheorien ist im Übrigen nicht neu, man könnte fast sagen, es ist eine Begleiterscheinung von Natur- und anderen Katastrophen. Als im 14. Jahrhundert die Pest in Europa so schrecklich wütete, kam es zu Pogromen, weil man sich der Fantasie hingab, jüdische Menschen hätten Brunnen und Quellen vergiftet, eine Verschwörungstheorie, die man schon zu Zeiten von Lepra nutzte. Oder man sah die Seuche allgemein als Gottesstrafe, zog als Flagellanten durch die Straßen. Hier richtete sich die Enttäuschung der Menschen auf die Kirche, die Antworten schuldig blieb und die Menschen nur wenig unterstützte. Papst Clemens VI. soll seine Zeit zwischen zwei Tag und Nacht brennenden Feuern verbracht, ansonsten aber seinen verschwenderischen Lebensstil gepflegt haben. In Oberammergau feiert man bekanntermaßen seit 1634 noch heute die Passionsspiele als Einlösung eines Versprechens, weil man von der Pest verschont geblieben war.

Vielleicht kann man sagen, dass die psychischen Reaktionen auf die jetzige, nach Jahrzehnten erste große kollektive Krise von Anfang an unterschätzt worden sind, insbesondere die älterer Menschen, die man zu großen Teilen in Alten- und Pflegeheimen isoliert hat. Aber die gehen ja auch nicht auf die Straße!

Auch alle anderen Menschen standen und stehen vor großen Belastungen: Ängste, zu erkranken, stigmatisiert zu werden, allein zu sein, den Arbeitsplatz zu verlieren, existenziell bedroht zu sein. Zugleich ist ein Großteil der »Zerstreuungsindustrie« und »Eventkultur«, bis hin zum Fußball, weggefallen, was die Menschen noch stärker auf sich selbst zurückgeworfen und zu kollektiven Regressionsphänomenen geführt hat.

Vielleicht kann man aber auch sagen, dass die unserer Gesellschaft innewohnende Gewaltbereitschaft und Aggression unterschätzt worden sind, für welche das Corona-Virus lediglich das Vehikel ist, das es ermöglicht, einen Teil davon, im wahrsten Sinne des Wortes, *auf die Straße* zu bringen. So wie vielleicht auch das Ausmaß der gesellschaftlichen Entgrenzung unterschätzt worden ist, der Drang, sich zu nehmen, was man haben will, und die resultierende destruktive Wut, wenn man es nicht bekommt. Auf einer politischen Ebene darf man wohl annehmen, dass nicht alle am wachsenden Wohlstand und den damit verbundenen größeren individuellen Freiheiten teilhaben durften, an der möglichst ungestörten Selbstverwirklichung, der Erfüllung der eigenen individuellen Interessen. Es gibt eine große Zahl von Menschen, die sich als benachteiligt, übervorteilt, ausgenutzt oder vergessen sieht und damit womöglich auch oft richtig liegt. Die vielzitierte »Schere, die auseinandergeht«, die äußere gesellschaftliche Spaltung leistet der inneren Spaltung Vorschub: »Wir« und »die«. »Die« sind dann die Projektionsflächen für eigene innere intolerable Affekte: Aggressionen und Wünsche, anderen etwas wegzunehmen, über andere zu bestimmen, Macht auszuüben etc.

Es ist nicht leicht, sich in der zum Teil überhitzten, zugespitzten Atmosphäre nicht auf die Seite der Aggression zu schlagen, sondern vielleicht stattdessen das vorläufig Verlorene zu bedauern, zu betrauern und auf das zurückzugreifen, was man hat und hatte.

> ⓘ Die Psychoanalytikerin Melanie Klein spricht von zwei unterschiedlichen psychischen Positionen: der **depressiven Position** und der **paranoid-schizoiden Position**, ursprüngliche psychische Zustände, die sie der Psyche des Kleinkindes zuordnet, zwischen denen wir aber auch im Erwachsenenalter immer wieder hin und her pendeln.
>
> In der *paranoid-schizoiden* hat der Mechanismus der Spaltung die Vorherrschaft. Ein Objekt wird idealisiert und/oder entwertet. Die eigenen destruktiven Impulse werden im anderen verortet, so dass man sich folgerichtig von diesem bedroht und verfolgt fühlt.[53] Dieser andere kann Christian Drosten sein oder die Regierung oder der Nachbar.
>
> Ein anderes Objekt (oder auch dasselbe) wird idealisiert, als nur »gut« erlebt; dieses Objekt kann das eigene Ich sein oder eine Gruppe, der man sich zugehörig fühlt, oder der Nachbar. Entscheidend ist, dass beide Objekte voneinander getrennt gehalten werden, sich gewissermaßen nicht berühren, aus Angst davor, das böse Objekt könnte das gute Objekt und damit auch das Selbst zerstören. Es steht also viel auf dem Spiel.

> In der *depressiven Position* können Ängste, Sorge um das Objekt und *Schuldgefühle* in einem gewissen Umfang zugelassen werden, ohne dass sofort destruktive Wut oder existenzielle Verzweiflung Regie führen. Wenn man so will, ist man auf dieser Position in der Lage, psychischen Schmerz zu fühlen und eine Zeitlang auszuhalten, ohne ihn sofort manisch abwehren zu müssen (indem man zum Beispiel shoppen geht, Beleidigungen herausbrüllt, etwas zerstört oder sich betrinkt). Man beginnt zu ahnen, dass ein und dasselbe Objekt gut *und* böse sein kann, dass man gar selbst etwas dazu beigetragen hat, einem Objekt zu schaden (das kann auch das eigene Ich sein).

Wenn man so will, findet sich die Bewegung zwischen paranoid-schizoider und depressiver Position auch in unserem Umgang mit *Mutter Erde,* von der wir alles unbegrenzt haben wollen, die wir nach Herzenslust ausrauben, schädigen, zerstören, ohne ihr etwas zurückgeben zu müssen. Wir leugnen dabei unsere Zerstörung, rationalisieren sie, wehren manisch ab, indem wir uns zerstreuen, um nicht über die Folgen unseres Tuns nachdenken zu müssen. Dann aber treten wir (oder eben ein Teil der Gruppe) in die depressive Position ein, in der wir spüren und wahrhaben, was wir tun, wie sehr wir unserer Umwelt schaden, an dem Ast sägen, auf dem wir sitzen. Wir spüren Schuldgefühle und haben den Wunsch nach Wiedergutmachung und spenden vielleicht etwas oder trennen Müll. Schlägt Mutter Erde zurück, in Form von Naturkatastrophen oder auch in Form von Pandemien, dann geraten wir schnell wieder in die paranoid-schizoide Position, nicht zuletzt, weil wir uns in unseren Omnipotenzgefühlen und Allmachtfantasien angegriffen und gefährdet sehen.

Die Corona-Pandemie in der depressiven Position durchzuarbeiten, hieße einzusehen, dass wir gefährdet sind, im wahrsten

Sinne des Wortes auf schmelzendem Eis leben, nicht allmächtig und unzerstörbar, sondern dass wir selbst es sind, die die Pandemie zur Pandemie machen.

Seelische Erkrankungen – *Psycho* oder was?

»*Gar ned krank is a ned g'sund.*«
(Karl Valentin)

Noch immer wird über jemanden, »der irgendwie was Psychisches hat«, raunend und leider auch abwertend gesprochen. Ist das nicht ein seltsames Phänomen? In Zeiten von Dr. Internet, den potenzielle Patienten ausführlich befragen, um sich dann von der Hausärztin eine Zweitmeinung einzuholen, gibt es nach wie vor eine mitunter erschreckende Unwissenheit und damit verbundene Mystifikation. Während die meisten Menschen über körperliche Erkrankungen und Therapien gut informiert sind, hängen psychischen Erkrankungen noch immer Mythen und vor allem häufig irrationale Ängste an. Psychische Erkrankungen scheinen nach wie vor Erkrankungen zweiter Klasse zu sein, sie haben mutmaßlich etwas Diffuses, auch Unheimliches an sich. Gleichwohl werden sie immer öfter diagnostiziert, werden Menschen ihretwegen häufiger krankgeschrieben. So haben wir es mit dem Umstand zu tun, dass der Umgang mit psychischen Zuständen oder Erkrankungen häufig selbst genau das ist, was er bezeichnet – neurotisch.

Dem Neurotischen haftet nach wie vor etwas Despektierliches an, ein distanzierendes Bäh, etwas, mit dem man nichts zu tun haben will. Ursprünglich meinte Neurose ein in der Regel sehr schweres Krankheitsbild, ein so dramatisches, dass die daran leidenden Menschen als »besessen« oder später als »verrückt« galten und entsprechend von der Welt der »Normalen« isoliert und kaserniert wurden. Erst mit den Psychiatern des 19. Jahrhunderts, Pinel, Charcot und schließlich Freud, kam es überhaupt zu einer interessierten Wendung hin zu den psychisch kranken Menschen. Letztlich scheint aber dem Psychischen immer noch seine Geschichte der Dämonenbesessenheit, der Verbrennung von Frauen, des Exorzismus, des Asozialen, des Kriminellen, kurz: des Gefährlichen, Fremden und daher Angst Machenden anzuhängen. Dementsprechend finden sich für die psychische Erkrankung oder die psychische Krise bis heute verschiedene, unzutreffende Zuschreibungen:

Sie nehme kein Ende

Anders als bei einer heftigen körperlichen Erkrankung, von der man erwartet, dass sie nach einer ordentlichen Therapie auskuriert und die Betreffende wieder ganz die Alte ist, werden Menschen, die einmal eine psychische Erkrankung hatten, häufig noch immer so angeguckt, als sei von nun an ganz grundsätzlich mit ihnen etwas nicht in Ordnung. Dieses Raunen der Kollegen: »Ja, sie war lange krank, war wohl was Psychisches«, ist auch heute immer noch keine Seltenheit. Die Betroffenen gelten als rohe Eier, mit denen man vorsichtig sein müsse, da sie ja offensichtlich nicht so belastbar und für den Beruf dann mal sowieso nicht geeignet seien. Man denke hier etwa daran, welch ein medialer Aufruhr entsteht, wenn etwa die depressive Erkrankung eines Fußballspielers bekannt wird, und wie sehr Verantwortliche peinlichst darauf achten, dass das nicht geschieht. Dagegen werden wir über die somatischen, in der Regel knöchernen oder muskulären Verletzungen und deren Heilungsprozesse durchaus und ausführlich auf dem Laufenden gehalten. Leider sind die beteiligten Ärzte an dieser Entwicklung auch nicht unschuldig. Ich höre und erlebe immer wieder, dass Patienten aufgrund einer Depression monate- oder gar jahrelang krankgeschrieben werden. Wenn so etwas passiert, dann drängt sich sehr stark der Verdacht auf, dass da etwas nicht stimmt: entweder die Diagnose nicht oder die Therapie.

Nicht umsonst sprechen wir von »depressiven Episoden«, das heißt: Depressionen sind heilbar! Auch wenn sie wiederkehren können, sind die Betroffenen zwischen den Episoden, die auch Jahrzehnte auseinanderliegen können, in der Lage, ein normales Leben zu führen.

Sie sei ein Zeichen von Schwäche

Einer psychischen Erkrankung oder einer psychischen Krise werden leichthin das weit sichtbare Etikett der Schwäche angeheftet. Das ist ein grauenhaftes Erbe, das u. a. noch auf die entsetzliche sogenannte »Euthanasie« unter dem nationalsozialistischen Regime in Deutschland zurückzuführen ist. Dieses Erbe mit seinen unsäglichen Wortschöpfungen, etwa der des »lebensunwerten Lebens«, und mit seinen furchtbaren Morden an psychisch kranken Kindern und Erwachsenen, von Psychiatern und anderen Ärzten, die diese Berufsbezeichnung nicht verdienen, gestützt und durchgeführt, scheint uns noch immer in den Knochen zu stecken. Derjenige, dessen Psyche unter besonders belastenden Verhältnissen – das sind oft innere Konflikte – zu besonderen Schutzmaßnahmen greift und der deswegen Symptome entwickelt, gilt als schwächer als jener, der durchhält, selbst dann, wenn er am Ende einen Herzinfarkt erleidet (immerhin eine »ordentliche« körperliche Erkrankung).

Sie bedeute Verrücktheit, Unzurechnungsfähigkeit, Gefährlichkeit

Noch heute haftet der psychischen Krise oder gar einer Erkrankung ein Makel an, den es bei somatischen Erkrankungen (bis auf wenige Ausnahmen) nicht zu geben scheint.

Der andere Umstand, der den Umgang mit den psychischen Erscheinungen schwierig zu machen scheint, ist die herrschende Angst davor, die sich häufig aus Unwissenheit speist, nicht zuletzt oft geschürt durch mediale, grob schematisierte und unzulässig vereinfachende Berichterstattungen. Man denke etwa an die Diskussionen im Jahr 2015 um das Unglück des Fluges 9525 der Germanwings, das der damalige Co-Pilot unter Aussperrung des Piloten selbst herbeigeführt haben soll. Die Medien waren damals sehr mit der Frage beschäftigt, ob der Co-Pilot an einer Depression gelitten habe, gerade so, als ob eine Depression eine solche Tat erklären könnte. Manchmal geht die Diskussion nach Attentaten und anderen Gewaltdelikten auch darum, ob der Täter unter einer »psychischen Störung« gelitten habe. Man könnte auf dem Standpunkt stehen, dass jedes Gewaltdelikt Ausdruck einer psychischen Störung ist! Wenn ein Mensch einen anderen Menschen gezielt umbringt, dann ist dies gewissermaßen ein Hauptsymptom einer gravierenden psychischen Erkrankung, etwa einer Störung der Impuls- oder Affektkontrolle.

Der sehr ausführliche und deutlich differenziertere Abschlussbericht beschreibt bei dem Co-Piloten eine depressive Episode ohne psychotische Symptome mit Suizidalität im Jahr 2008, die 2009 vollständig ausgeheilt gewesen sei. Im Dezember 2014 seien erneut depressive, möglicherweise aber auch psychotische Symptome festgestellt worden; im März 2015 sei eine Psychose diagnostiziert und eine stationäre Behandlung empfohlen worden. Es seien Antidepressiva, Schlafmittel und Benzodiazepine verordnet worden.[54]

Aus diesem Bild ergibt sich eine viel komplexere psychische Erkrankung, als sie unter dem inzwischen fast inflationär verwendeten Begriff »Depression« zu fassen ist. Durch den medialen Umgang mit psychiatrischen oder psychischen Diagnosen wird aber ein bestimmtes Bild verstärkt, und zwar jenes, dass Menschen mit einer psychischen Erkrankung alles zuzutrauen sei, was uns fremd und unerklärlich erscheint, etwa der Art: »Depression?! – Dann ist ihm oder ihr alles zuzutrauen, auch die Tötung von 150 Menschen.« Wer möchte wohl solch eine

Diagnose über sich hören, wenn man dann zu denen gehört, denen womöglich alles zuzutrauen sei? Nein, diese Diagnose erklärt das hier beschriebene Verhalten eben nicht! Es gibt schließlich sehr viele – es sind die meisten! – Menschen mit depressiven Erkrankungen, die gerade keine Gewalttaten begehen! Eine Diagnose sagt noch nicht viel über das Innenleben eines Menschen. Zwar gibt es bestimmte innere Konflikte, die mit bestimmten Diagnosen assoziiert sind, aber was genau diesen Piloten dazu gebracht hat, jene schreckliche Tat zu begehen, das hat er mit ins Grab genommen.

Ein weiterer Fall: Am 22. Juli 2016 tötete ein 18-jähriger Schüler, der an diesem Tag offenbar durch eine Prüfung gefallen war, neun Menschen, verletzte fünf weitere schwer und erschoss sich anschließend selbst. Auch hier tummelten sich sofort sämtliche Diagnosen: Depression (man fand Spuren von Antidepressiva in seinem Blut), soziale Phobie, Ängste und – man möchte fast sagen, das darf nicht fehlen – ADHS. Auch hier konnte man den Eindruck gewinnen, dass nach einer solchen Bluttat eine fast zwanghafte Suche nach einer »Psych-Diagnose« beginnt. Warum?

Ich vermute, das Finden einer solchen Diagnose soll Sicherheit suggerieren und Erleichterung bringen: Ah! Einer von »denen«. Das Suchen nach Diagnosen teilt die Welt ein in solche, die offenkundig labil sind und daher eine potenzielle Gefahr darstellen, und in jene, welche die Welt der »Gesunden« repräsentieren. Daran schließt sich meistens sofort die Frage an: Wenn »die« doch in psychotherapeutischer oder psychiatrischer Behandlung waren, hätten die Therapeuten und Ärzte das nicht vorausahnen, noch besser: vorhersehen können oder sogar müssen? Die Diagnose liefert mitunter eine Scheingewissheit, indem sie uns erleichtert zu glauben, wir, die wir an diesen »Dingen« doch nicht leiden, hätten mit »denen« nicht viel gemein.

Diagnosen sind gefürchtet, weil Betroffene (nicht ganz zu Unrecht) fürchten, in eine Schublade gesteckt zu werden.

Manchmal bringen Diagnosen auch Erleichterung, weil sie so verarbeitet werden, als legten sie objektiv eine Art Heimsuchung fest, mit der man selbst eigentlich nichts zu tun habe. Nun haben aber viele Erkrankungen, somatischer, psychischer, somatopsychischer Natur durchaus etwas mit unserem Verhalten uns selbst gegenüber zu tun. Das wiederum ist keinesfalls mit Schuld gleichzusetzen, sondern mit Einfluss und persönlicher Verantwortung. Wir haben auf bestimmte (nicht alle) Erkrankungen unterschiedlich großen Einfluss. Wenn wir zum Beispiel an stressinduzierter Gastritis leiden, wird es uns vermutlich besser gehen, wenn es uns gelingt, den Stress zu reduzieren. Das Schwierige ist, dass uns diese Einflüsse häufig nicht bewusst sind und wir mithin auch wenig daran ändern können.

Wegen der Bedeutung, die Diagnosen allgemein zu haben scheinen, noch ein Wort zu den Diagnosen psychischer Erkrankungen, die in der Regel im offiziellen medizinischen Bereich *psychiatrische* Diagnosen sind, was Gründe hat.

> **ⓘ Diagnoseklassifikationen:** In Deutschland sind Ärzte und Psychotherapeuten, die an der vertragsärztlichen Versorgung teilnehmen, ebenso wie entsprechende medizinische Institutionen und Einrichtungen verpflichtet, Diagnosen nach dem ICD-10-GM (International Statistical Classification of Diseases and Related Health Problems; German Modification) zu verschlüsseln.
>
> Zur Diagnose psychischer Störungen dient dabei das Kapitel V (F) der ICD-10 sowie das DSM-5 (Diagnostic and Statistical Manual of Mental Disorders), ein ebenfalls psychiatrisches Klassifikationssystem aus den USA.
>
> Das sind, wie der Name schon sagt, *psychiatrische* Klassifikationen auf einer (und das ist wichtig) *überwiegend deskriptiven* Ebene, das heißt, es gibt eine Liste von Symptomen, die in bestimmter Zahl zutreffen müssen, damit die Diagnose

> gestellt werden kann. Es handelt sich dabei nicht um die Zuordnung von Ursachen.

Manchmal ist das ein bisschen so, als müsste man eine Farbe aus einer Palette mit über siebzig Rot-Tönen, »Karminrot« auf einer Skala von Rot, Gelb, Blau, Grün, Schwarz, Weiß einordnen. »Karminrot« unter »Rot« zu rubrizieren stimmt dann zwar generell, aber es ist nicht genau klar, welches Rot man sich vorzustellen hat, dabei gehen viele Nuancen und Schattierungen verloren.

Wie ebenfalls aus der Namensgebung ersichtlich ist, geht es bei diesen Klassifikationssystemen in erster Linie um Statistik. Man möchte vergleichbare, einheitliche Kriterien für Erkrankungen zur Verfügung haben, um auf diese Weise gesicherte Aussagen, zum Beispiel über die Zunahme und Abnahme von Diagnosen treffen zu können. Aber wie das mit Statistik so ist: Wenn die Depression häufiger diagnostiziert wird, heißt das eben noch nicht, dass sie häufiger vorkommt, nur eben, dass sie häufiger diagnostiziert worden ist.

Warum aber sollte eine Diagnose häufiger gestellt werden? Zum einen vielleicht, weil es mehr Psychiater gibt? Zum anderen vielleicht, weil die Menschen eher zu einem Psychiater gehen? Aber ein anderer Grund scheint gewichtiger: Mit psychiatrischen Diagnosen lässt sich gut Geld verdienen. Eine Studie von Lisa Cosgrove und Sheldon Krimsky aus dem Jahr 2012 weist auf den engen Zusammenhang zwischen Diagnosekriterien (und damit Diagnosestellungen) und der Pharmaindustrie hin. So geben insgesamt 69 Prozent der Mitarbeiter und Mitarbeiterinnen am DSM-5 Verbindungen zur Pharmaindustrie an. Betrachtet man die Untergruppen der Arbeitsgruppen wird es noch plastischer: In der Arbeitsgruppe für neurokognitive Störungen geben 89 Prozent, in der für Verhaltensstörungen und ADHS im Kindes- und Jugendalter 78 Prozent, in der für psychotische Störungen 83 Prozent und in jener für Schlafstörungen gar 100 Prozent Verbindungen zur Pharmaindustrie an, wie immer diese »Bindungen« oder »Beziehungen« auch aussehen mögen.[55]

Die Prozentanteile sind insofern umso eklatanter, als es die größte Verbindungsrate bei eben jenen Erkrankungen gibt, die in erster Linie medikamentös behandelt werden: Psychosen, Schlafstörungen, neurokognitive Störungen und unseligerweise auch Verhaltensstörungen im Kindes- und Jugendalter.

Berühmtes Beispiel: *Das Aufmerksamkeitsdefizit-Hyperaktivitätssyndrom* (kurz *ADHS*). Dieses wird bekanntermaßen gern und offenbar auch häufig mit dem Wirkstoff *Methylphenidat* (als Ritalin® bekannt) behandelt, ein Wirkstoff, der die Wiederaufnahme von Dopamin und Noradrenalin verhindert. Der Entwickler dieser Substanz, Leandro Panizzon, erprobte es offenbar gemeinsam mit seiner Ehefrau Marguerite, Spitzname: Rita (!). Während er bei sich keinen besonderen Effekt wahrnahm, zeigte sie sich besonders davon beeindruckt, dass sich ihre Leistung im Tennis nach der Einnahme steigerte. 1954 wird *Ritalin* in der Schweiz und in Deutschland als ein »Psychotonikum« eingeführt, das »ermuntere und belebe – mit Maß und Ziel«. Es galt als geeignet bei gesteigerter Ermüdbarkeit und depressiven Verstimmungen. Außerdem wurde es auch Gesunden empfohlen, die nach einer langen Nacht wieder voll leistungsfähig sein wollten.

Im Jahr 2018 wurden von deutschen Ärzten insgesamt 53 Millionen Tagesdosen Methylphenidat verordnet (statista 2020).[56] Dazu der Cochrane-Report[57] – zunächst aus dem Jahr 2015: »Aufgrund der Qualität der verfügbaren Evidenz können wir derzeit nicht sicher sagen, ob Methylphenidat das Leben von Kindern und Jugendlichen mit ADHS verbessert. Methylphenidat geht mit einer Reihe von weniger schweren Nebenwirkungen wie Schlafproblemen und vermindertem Appetit einher« (Cochrane 2015). Hier wurden 185 randomisierte, kontrollierte Studien (sog. RCT) untersucht, bei denen die Kinder zufällig einer Gruppe zugeteilt werden, die dann unterschiedlich behandelt wird. Die meisten Studien seien »klein« und von »niedriger Qualität« gewesen.[58]

Und dann der Cochrane-Report aus dem Jahr 2018: Bei ihm wurden 260 Studien untersucht: »Die Ergebnisse deuten darauf hin, dass die Gabe von Methylphenidat zu schwerwiegenden unerwünschten (schädlichen) Ereignissen, einschließlich Tod, Herzproblemen und psychotischen Störungen, führen könnte. Etwa einer von 100 Patienten, die mit Methylphenidat behandelt wurden, schien ein schwerwiegendes unerwünschtes Ereignis zu erleiden. [...] Methylphenidat bewirkt eine große Anzahl von anderen, nicht-schwerwiegenden schädlichen Auswirkungen bei Kindern und Jugendlichen mit ADHS« (Cochrane 2018).[59]

Letztlich wird es weiterhin so sein, dass sich Anhänger der Diagnose finden und die medikamentöse Therapie verteidigen, wie es auch Kritiker geben wird. Dieses Beispiel beschreibt aber eklatant ein wesentliches Problem von psychischen oder psychiatrischen Diagnosen: Es gibt Studien dafür und solche dagegen. Ihre Qualität reicht von *sehr gut* bis zu *sehr schlecht* bzw. gar bis zu *gefälscht*. Das Stellen einer solchen Diagnose bekommt den Charakter eines Siegels oder eines Etiketts, was viele Menschen fürchten. Aber die deskriptive Art ermöglicht es allen Beteiligten, dem Diagnostiker wie dem sozialen Umfeld der Patienten, Distanz dazu zu halten. Der deskriptive Ansatz berücksichtigt keine Ursache, so dass es so scheinen kann, als habe man sich gewissermaßen mit einem Krankheitserreger »infiziert« oder als handele es sich um eine Art genetischen Defekt. Sie scheint jedenfalls aus dem »Off« zu kommen und keine Ursache im psychosozialen Umfeld zu haben.

Zurück zu unserem anderen Beispiel der häufig diagnostizierten *Depression*. Sie ist im ICD-10 wie folgt beschrieben: »Bei den typischen leichten (F32.0), mittelgradigen (F32.1) oder schweren (F32.2 und F32.3) Episoden leidet der betroffene Patient unter einer gedrückten Stimmung und einer Verminderung von Antrieb und Aktivität. Die Fähigkeit zu Freude, das Interesse und die Konzentration sind vermindert. Ausgeprägte Müdigkeit kann nach jeder kleinsten Anstrengung auftreten. Der Schlaf ist meist gestört, der Appetit vermindert. Selbstwertgefühl und Selbstvertrauen sind fast immer beeinträchtigt. Sogar bei der leichten Form kommen Schuldgefühle oder Gedanken über die eigene Wertlosigkeit vor. Die gedrückte Stimmung verändert sich von Tag zu Tag wenig, reagiert nicht auf Lebensumstände und kann von so genannten ›somatischen‹ Symptomen begleitet werden, wie Interessenverlust oder Verlust der Freude, Früherwachen, Morgentief, deutliche psychomotorische Hemmung, Agitiertheit, Appetitverlust, Gewichtsverlust und Libidoverlust. Abhängig von Anzahl und Schwere der Symptome ist eine depressive Episode als leicht, mittelgradig oder schwer zu bezeichnen.«

Das sind wichtige Kriterien, die bei der Einordnung einer psychischen Krise sehr hilfreich sind. Allerdings kann eine solche Beschreibung den Anschein erwecken, als falle die Diagnose gewissermaßen vom Himmel, treffe einen völlig aus dem Nichts, wie etwa eine Infektion. Dem ist aber in den allermeisten Fällen nicht so, auch wenn es diese Fälle geben mag.

Man kann nur wünschen, dass die weitergehenden Kriterien bei der Diagnosestellung auch beachtet werden, dann würde möglicherweise die inflationär gestellte Diagnose »Depression« nicht bei jeder Stimmungsschwankung auftauchen. »Depression« scheint sich zu einer gangbaren, allgemein akzeptierten »Psych-Diagnose« entwickelt zu haben, ebenso wie »Burnout«, »Mobbing« oder »Trauma«. Hier ist es scheinbar schlicht die Außenwelt, der die Schuld zugewiesen wird, dass jemand psychisch krank geworden ist. Das ist meist einfacher zu handhaben als die Überlegung, *unbewusste innere Konflikte* könnten in der Regel bei der Entstehung einer psychischen Erkrankung eine Rolle spielen. Gleichwohl haben solche inneren Konfliktlagen Auswirkungen darauf, wie ein Mensch mit einer *äußeren Konfliktlage* umzugehen vermag.

Und noch etwas zur »Volkskrankheit« Depression: Aus eigener Anschauung kann ich sagen, dass etwa 90 Prozent der Patienten, die in meine Praxis kommen, sich bei mir mit der Eigen- oder Fremddiagnose »Depression« vorstellen. Sehr häufig stimmt das nicht, sondern es liegt eine andere psychische Erkrankung vor, und häufig ist die Depression eine Art Begleit- oder auch Folgeerkrankung, weil möglicherweise eine andere Erkrankung bisher nicht diagnostiziert wurde. Nicht jeder Trauerzustand ist eine Depression. Im Gegenteil: Eine Trauerreaktion, beispielsweise auf einen schmerzlichen Verlust, ist eine eher gesunde Reaktion!

Oftmals ist es aber so, dass der betreffende Verlust gar nicht als solcher bewusst ist. Beim Tod eines nahen Angehörigen wird fast jeder darauf kommen, aber beim »Verlust« von Kindern, die schlicht ausziehen, dem Verlust des Arbeitsplatzes oder der Gesundheit durch eine chronische Erkrankung oder der Jugendlichkeit durch das Altern, kann es schon passieren, dass die Betreffenden ihre Traurigkeit nicht verstehen, weil sie diese nicht auf die entsprechenden Ereignisse beziehen. Hierbei handelt es sich vorerst nicht um eine Depression, sondern zunächst um eine verständliche und oft angemessene Trauerreaktion. Und für Trauer gilt, dass Menschen so unterschiedlich trauern, wie sie sich auch unterschiedlich freuen können. Eine Trauerreaktion kann in eine Depression übergehen. Freud hat seinerzeit eine sehr wichtige Unterscheidung getroffen: Bei der Trauer verarmt die Welt, weil jemand Wichtiges oder etwas Wichtiges verloren gegangen ist, bei der Depression verarmt das Ich![60] Das Ich, also der betreffende Mensch, zieht sich zurück, empfindet keine Freude, oft eben auch keine Trauer, sieht sich selbst als insuffizient, nutzlos und überflüssig an.

Eine Depression kündigt sich in der Regel an und sie hat fast immer seelische Ursachen, das heißt, einer Depression liegt sehr oft ein unbewusster Konflikt zugrunde. Das bedeutet für die Therapie, eine wichtige Unterscheidung zu treffen: Geht man einfach den benannten Symptomenkomplex entsprechend der Klassifikationssysteme durch, dann kommt man unterm Strich vielleicht auf die Diagnose *Mittelgradige depressive Episode* (F32.1). Nun könnte man schlussfolgern: Aha, eine Depression, mittelgradig, da gebe ich als Arzt ein Antidepressivum. Man sucht vielleicht einen der sehr beliebten Serotonin-Wiederaufnahmehemmer aus und wartet ab. Nach ein paar Wochen sollte sich die Symptomatik bessern, was häufig auch passiert. Dieses Vorgehen ist vergleichbar damit, dass Sie, sagen wir, eine Nasennebenhöhlenentzündung haben und ein Antibiotikum verschrieben bekommen. Die Symptomatik wird besser werden, aber die Ursache für die Nasennebenhöhlenentzündung ist dadurch weder bekannt noch therapiert, und so wird sie wahrscheinlich wiederkommen.

Die sichtbare Symptomatik ist, wenn man so will, die Endstrecke, das Ergebnis eines nicht anders zu bewältigenden inneren, in der Regel häufig *unbewussten Konflikts*. Das ist nun eine Konstellation, die so ziemlich jeden Menschen treffen kann. *Unbewusster Konflikt* heißt, dass der oder die Betreffende ihn nicht von sich aus benennen kann, sondern dass er/sie jemanden braucht, der hilft, diesen Konflikt oder diese Konflikte bewusst wahrzunehmen. Das funktioniert übrigens nicht mit Hilfe eines Algorithmus oder einer App!

Wenn es so einfach wäre, dann könnten wir psychische Erkrankungen im Handumdrehen medikamentös behandeln. Nein, so ist es aber nicht! Sie benötigen dafür tatsächlich einen Menschen, der sich mit der Konflikthaftigkeit des Lebens, mit Gefühlen, mit psychischen Mechanismen auskennt, diese erkennen, aushalten und benennen kann. Das *Aushalten, Verstehen und Verarbeiten von Gefühlen,* wir nennen es in der Psychotherapie *Containment,* ist übrigens ein wesentliches therapeutisches Agens! Die Anforderung des Containments dürfte jede Mutter und jeder Vater kennen. Kinder zeigen uns sehr deutlich, wie plötzlich und massiv Gefühle und Affekte aufbrechen, wie erschütternd stark sie werden können – und dabei brauchen Kinder Halt.

Ein nicht eben seltener Impuls, die Gefühle, wie es heute so schön heißt, wegzumoderieren, führt in der Regel zu einer Verschlimmerung oder einer nur scheinbaren Beruhigung, einer psychischen Erstarrung. Mit »Du blöde Kuh« tituliert zu werden, sorgt ja in einem selbst nun auch nicht gerade für freundliche Stimmung, und dennoch ist es wichtig, erst einmal die eigenen Gefühle auszuhalten und seinem Kind dabei zu helfen, mit dessen eigenem Selbst zurechtzukommen. (Hinterher kann man immer noch mal über »die blöde Kuh« reden.)

Nun ist es so, dass wir Erwachsenen selbst durchaus auch Kontakt zu diesen kindlichen Gefühlszuständen bekommen, wenn wir von Gefühlen überschwemmt werden und sie vielleicht nicht beherrschen können (Es ist ungünstig, wenn Ihnen das bei einer Polizeikontrolle passiert …). Dann sind auch wir auf jemanden angewiesen, der uns zunächst einmal aushält und uns dann vielleicht sogar dabei hilft, uns zu verstehen: Warum bin ich an dieser Stelle blitzartig so sauer geworden?

Den diagnostischen Klassifikationssystemen und noch mehr der alten psychiatrischen Nosologie haftet eine alte medizinische Sehnsucht an: körperliche und seelische Erkrankungen genau einordnen und am besten monokausale Zusammenhänge herstellen zu können, die dann therapeutisch, am liebsten chirurgisch oder medikamentös behandelt werden können. Tatsächlich ist der schlichte monokausale Zusammenhang, der auf eine einfache, klare Therapie hinweist, auch in der somatischen Medizin eher selten.

Ein Chirurg sagte mir einmal, die glücklichsten Menschen gebe es nach der Operation eines Carpaltunnel-Syndroms und nach der Koagulation von Blutgefäßen in der Nase. Bei der ersten Erkrankung sorgt eine Verdickung des Bindegewebes am Handgelenk für eine Einengung eines Nervs und für starke Schmerzen. Bei der Operation muss gewissermaßen nur Platz geschaffen werden, indem man das Bindegewebe öffnet. Beim Nasenbluten kann man sich selbst kaum helfen, es läuft und läuft, bis der HNO-Arzt das betreffende Gefäß findet und verschließt. In beiden Fällen gibt es kaum Nebenwirkungen und es geht einem schlagartig besser.

Aber das ist nicht die Regel. Weder bei körperlichen Erkrankungen, die ja häufig auch nicht geheilt, deren Symptomatik aber gemildert und in ihrem Verlauf verlangsamt werden können (wie zum Beispiel bei der Herzinsuffizienz), noch bei psychischen.

Mit Erkrankungen ist es ein bisschen wie mit dem Altwerden: Niemand möchte etwas damit zu tun haben, aber es trifft dann doch jede/n. Weil Altwerden ein Thema ist, das viel Angst und Unsicherheit verbreiten kann, glauben wir gern den medial erzeugten Illusionen, sei es durch Filme oder besonders durch Werbung: Mir geht es schlecht – zack – da kommt unser Produkt – zack – da geht es mir wieder gut (nicht besser, sondern gut!). Doch die restitutio ad integrum, die völlige Wiederherstellung und Heilung, ist in beiden Bereichen nicht die Regel.

Häufiger geht es darum, den Umgang mit einer Erkrankung zu lernen, sie einzudämmen, zu begleiten, ihren Verlauf zu verzögern, Symptome zu lindern und so viel an Lebensqualität wie möglich zu erhalten. Das gilt für körperliche wie auch für psychische Erkrankungen. Ganz ähnlich verhält es sich mit psychischen Krisen, in denen wir womöglich punktuell neurotisch reagieren. Während unseres ganzen Lebens können sie uns jederzeit ereilen, niemand ist dagegen wirklich gefeit. Wenn wir zum Beispiel eine schwere körperliche Erkrankung bekommen, dann ist die psychische Krise häufig nicht weit! Das ist eine durch und durch menschliche Reaktion!

Wenn wir sehr krank sind, bekommen wir sehr häufig eines ganz sicher: Angst! Diese Angst ist nicht neurotisch, sondern ganz realistisch! Wir haben vielleicht Angst davor, Schmerzen leiden zu müssen oder gar zu sterben. In einer solchen Situation sind wir extrem verunsichert, was uns nicht zwingend bewusst sein muss. Nun gehen Menschen mit Ängsten unterschiedlich um: Die einen versuchen sie zu bagatellisieren: »Ist doch alles halb so wild! Wird schon wieder!« Die Umgebung könnte denken: »Oh, sie macht das gut, lässt sich nicht verrückt machen.« In Wahrheit aber könnte das ganze Ausmaß der Angst verleugnet, unbewusst sein, und die Verwandten und Freunde wundern sich vielleicht über eine enorme Aktivität des Erkrankten. Aber diese erfüllt unter Umständen nur eine etwas magisch anmutende Selbstvergewisserung: Ich kann das alles noch, ich habe die Welt im Griff und nicht die Welt mich. Wenn die Umgebung davon etwas versteht, kann sie häufig adäquater und förderlicher für den Betreffenden reagieren.

Die Diagnosen einer psychischen Erkrankung können also sehr unterschiedliche Funktionen haben: Sie können Symptome »klassifizieren«, ICD-Nummer dran, Krankheit verschlüsselt, Textbaustein in den Arztbrief, alles klar. Das erspart scheinbar den mühsamen Weg durch die psychischen Instanzen, die da miteinander im Konflikt liegen. Solche Diagnosen können aber eben auch von Patienten selbst als Abwehr eingesetzt werden gegen die Auseinandersetzung mit den eigenen inneren Konflikten, Wünschen, Impulsen, Fantasien. Dann hat man vielleicht bei sich eine »Depression« diagnostiziert, hinter der aber in Wahrheit keine Depression, sondern Trauer, Angst oder Wut stecken.

Eine weitere Beobachtung der letzten Zeit ist die, dass sich anscheinend immer mehr Menschen dazu berufen fühlen, bei anderen Zeitgenossen Diagnosen psychischer Erkrankungen zu stellen. Ganz besonders bedenklich erscheint mir dies gegenüber Kindern. So erlebe ich Eltern, die mir beunruhigt erzählen, im Kindergarten habe man den Verdacht geäußert, das Kind sei vielleicht »traumatisiert«, oder habe ein, was sonst, »ADHS«. Besonders beliebt scheint derzeit die Diagnose »Autismusspektrumsstörung«, und dann mit Vorliebe vom Typ *Asperger,* vermutlich deshalb, weil diese Art psychischer Erkrankung manchmal (!) mit einer Inselbegabung (siehe Dustin Hoffman in dem Film »Rainman«) einhergeht, so dass sich der Verdacht aufdrängt, der Zusatz »Asperger« solle die Hoffnung auf »Hochbegabung« nähren, weil das eigentliche Drama, nämlich eine schwere Entwicklungsstörung, für die Eltern nicht erträglich ist. Aber die echte autistische Störung *ist* ein Drama! Sie ist nämlich nicht heilbar und ein schwer betroffenes Kind ist womöglich sein Leben lang auf Hilfe angewiesen.

Kinder, deren umgebende Erwachsene sich kontaktgestört zeigen, und sei es nur im Umgang mit ihren Kindern, zeigen folglich, nicht wenig überraschend, auch Kontakt- und andere Entwicklungsstörungen, ohne dass sie zwingend autistisch sein müssen.

Nicht jedes verhaltensauffällige Kind hat ADHS oder ist traumatisiert. Wir sollten darauf achten, dass die Diagnosen dort gestellt werden, wo die entsprechende Kompetenz dafür vorhanden ist. Die meisten Erwachsenenpsychotherapeuten wie auch Kinder- und Jugendlichenpsychotherapeuten absolvieren dazu eine mehrjährige, intensive *Zusatzausbildung*, die auch eine sogenannte *Selbsterfahrung* einschließt, bei der man sich in der Regel selbst genau dem psychotherapeutischen Verfahren unterzieht, in dem man sich ausbilden lässt, und das meistens während der gesamten Dauer der Ausbildung! Dies geschieht, damit man sich in der eigenen inneren Welt besser auskennt, eigene innere Konflikte spürt und zu lösen beginnt und diese nicht bei anderen Menschen vermutet und dort – fälschlich – behandelt.

Es ist nämlich leider eine weitere, sehr verbreitete Alltagsneurose, eigene innere Konflikte, Hemmnisse, Schwierigkeiten, unbewusste Ängste, Impulse und Wünsche in andere hineinzusehen, das heißt zu projizieren. Solchermaßen fachfremd »Diagnostizierte« sollen dann »behandelt« und »bearbeitet« werden, während man selbst sich gesund und in Ordnung fühlen kann. Dabei spielt auch oftmals das meist unbewusste Motiv eine nicht unerhebliche Rolle, auf diese Weise selbst Aufmerksamkeit zu bekommen. Wenn man beispielsweise bei einem Kind den Verdacht auf eine schwerwiegende psychische Erkrankung in den Raum stellt, erzeugt man in der Regel viel Alarm und kann sich im Gegenzug dann wieder als beruhigender Begleiter, Kümmerer oder einfach als sehr aufmerksam erleben bzw. erleben lassen.

Leider kann man eine solche Bewegung in sehr schlimmen Fällen auch bei Eltern feststellen: in der somatischen Medizin bekannt als das *Münchhausen-by-Proxy-Syndrom,* bei dem Eltern ihre Kinder sehr krank erscheinen lassen, indem sie Symptome vortäuschen oder, noch furchtbarer, die Erkrankung selbst herbeiführen. Sie kommen dann sehr aufgelöst in die Notaufnahme, um sich auf diese Weise die so dringend benötigte Aufmerksamkeit des medizinischen Personals zu sichern.

Nach meiner Erfahrung gibt es auch eine *psychische* Form des *Münchhausen-by-proxy-Syndroms*: Psychisch kranke Eltern sehen und behandeln ihre Kinder so, also hätten diese eine Störung, seien depressiv oder hätten eine Essstörung oder massive Ängste, Wutanfälle oder Kontaktstörungen. Wenn man sich die Familiendynamik dann genauer ansieht, kann erkennbar werden, dass die Eltern ihre eigenen psychischen Störungen auf ihre Kinder projizieren und diese dann wirklich sehr krank dabei werden. Würde man hier allein die Kinder behandeln, käme man nicht weiter, da die Kinder die psychische Arbeit der Erwachsenen zu leisten hätten, was letztlich nicht möglich ist.

Die vielfältigen Funktionen – individuell wie gesellschaftlich – von psychischen Erkrankungen können am besten dann offengelegt und erkannt werden, wenn unser Umgang damit nicht oder möglichst wenig neurotisch überformt wird. Wir müssen uns davor in Acht nehmen, die Krankheitsursachen gegenüber dem Erscheinungsbild einer psychischen Erkrankung zu vernachlässigen, damit »krank« und »gesund« wieder unterscheidbare Zustände beschreiben (können).

Spaziergang

Jetzt sind wir auf unserer Reise durch die neurotischen Welten doch schon ganz schön weit herumgekommen: Wir besuchten Autosalons, Telefonläden, Stadien, Boutiquen, tiefe Wälder, Krankenhäuser, Gerichte, Schulen.

Und nun, zum Schluss, möchte ich Sie noch auf einen kurzen Spaziergang mitnehmen, einen Verdauungsspaziergang, wenn Sie so wollen – sich noch einmal umsehen, ein paar Eindrücke mitnehmen und sich fragen: Wie war es hier? Habe ich etwas Neues gesehen? Vielleicht doch noch in einen Souvenir-Shop gehen?

Blick zurück: Am Anfang stand das Wort vom psychoanalytischen Denken, von einer neuen Perspektive, einem weitergehenden Verstehen. Und ja, auch von Spaß.

Verstehen kann Nähe und Distanz zugleich schaffen: Nähe, weil Verstehen zwar Empathie voraussetzt, diese aber auch verstärkt. Distanz, weil Verstehen (des Objekts) dazu führen kann, nicht alles so persönlich zu nehmen (auf Seiten des Subjekts). Der andere kann mitunter nicht aus seiner Haut. Er folgt einem inneren Zwang, den er selbst nicht kennt, den aber andere oft besser entdecken können als er selbst. Auch umgekehrt ist es so.

Wir gehen also am besten mal in einen Zoo und sehen uns verschiedene Tiere an. Was gibt es da nicht für Exemplare! Mit langen Hälsen: Sie könnten aus der Dachrinne trinken und haben doch auch nur sieben Halswirbel; dann sehr bunte, flattrige Kolibris, nur schwarz-weiße oder sehr unbewegliche, fast starre Exemplare wie der Schuhschnabel, bei dem man wirklich, wirklich Geduld braucht, ehe sich etwas bewegt; dann die lauten Papageien, oder sehr virile Zeitgenossen, die wie Hirsche in der Brunft röhren; witzige oder giftige Exemplare, die uns ähnlich oder gänzlich fremd zu sein scheinen. Man staunt beeindruckt und ist am Ende vielleicht froh, ein solches Geweih nicht mit sich herumtragen zu müssen, oder blickt neidisch auf jene, die nie frieren, immer superschnell oder überall nur stark sind.

Entsprechend gebe ich meinen Patientinnen und Patienten, wenn sie sich ihrer Gefühle kaum noch erwehren können, wenn sie an vermeintlich äußeren Konflikten mit anderen Menschen zu verzweifeln drohen, weil sie den anderen nicht verstehen, manchmal den Tipp: Stellen Sie sich einen Besuch im Zoo vor. Manchmal hilft es einfach, zu betrachten und laut oder leise zu staunen. Man käme nicht zwingend auf die Idee, etwa das Herumprotzen des Hirsches oder den Krakeel eines Papageis persönlich zu nehmen. Dennoch sind wir eben auch nicht immer weit von denen entfernt. Ein empathisches Staunen, auch was das Neurotische bei anderen und uns angeht, kann Nähe und Distanz zugleich schaffen.

Während wir so vor uns hin gehen, fährt ein Autofahrer mit quietschenden Reifen und lauter basslastiger Musik, die dem Auto entströmen, an der Ampel an. Wir können uns furchtbar darüber aufregen oder wir erinnern uns, dass Getöse wichtig ist, um auf sich aufmerksam zu machen, weil man vielleicht Angst hat, sonst auf dieser Welt verloren zu gehen. Aber so viel Testosteron-Speed …? Das muss doch auch sehr anstrengend sein. »Lost« heißt das Jugendwort des Jahres 2020.

Nun kommen wir an einer Schule vorbei – eigentlich nicht wirklich, weil Dutzende Fahrzeuge den Weg blockieren, gesteuert von Müttern und Vätern, die gerade den (eigentlich dringend bewegungsbedürftigen) Nachwuchs abholen. Man kann über das Unvernünftige daran schimpfen und sich ärgern. Oder sich fragen: Woran erinnert mich dieses Bild? Vielleicht an eine

Herde? In einer Herde fühlt man sich sicherer. Oder an ein Staatsbankett mit lauter wichtigen Menschen in großen Karossen vor der Tür? Vielleicht erinnert uns dieses Bild aber auch daran, wie oft wir uns gehetzt fühlen, wie selten wir Spaziergänge machen und wie oft wir selbst in solchen Karossen sitzen?

Weiter hinten liegt der Sportplatz der Schule, dort spielen Kinder Fußball. Sie schreien, rennen und jubeln wie die Profis, ganz ohne Millionensalär. Wir bleiben stehen und schauen ein bisschen zu; und wenn wir Fußball gern mögen, dann merken wir, dass uns das Zugucken bei diesen »Amateuren« auch Freude macht.

Wir folgen dem Fußweg durch den Park, ein Radweg verläuft parallel dazu. In einiger Entfernung vor uns geht ein Mann auf dem gekennzeichneten Radweg. Dicke Kopfhörer schützen seine Ohren. Ein Radfahrer will ihn passieren, da fährt der Musikfreund seinen Arm nebst Zeigefinger aus, verweist, wie ein Mitglied der Sittenpolizei, auf den Weg neben sich und schreit: »Da ist der Radweg!«, während er fünfzig Meter weiter auf das am Boden markierte Radzeichen stoßen wird, was ihn aber keineswegs anficht, in seinem stolzen Bewusstsein, für Recht und Ordnung gesorgt zu haben, während er als Verkehrsteilnehmer mit seinen Kopfhörer-Mickey-Mouse-Ohren gar nichts hört. Es geht nur etwas raus, es kommt nichts rein. Der Radfahrer mault etwas wie »Radweg!« und rollt weiter seines Weges. Was haben wir gesehen? Zwei Leute, denen es darum geht, Recht zu haben, es richtig zu machen und dem anderen zu sagen, was er zu tun hat. Beide folgten ihrem ersten inneren Impuls, die Szene hätte auch eskalieren können. Psychoanalytisch gesehen können wir jetzt versuchen zu verstehen, worum es hier vielleicht gehen könnte, statt nur um den richtigen Radweg. Das böte uns als Beteiligten einen Ausweg aus solch einer Szene.

Man fragte dann eher, warum erwachsene Männer mit solchen Mickey-Mouse-Ohren herumlaufen. Diese Abschottungsmaßnahme hat vermutlich ebenso ihren Grund, wie das Bedürfnis vieler Mitmenschen, andere zu erziehen, ihnen zu sagen wo es langzugehen hat. Sie brauchen das Gefühl, anderen etwas zu sagen zu haben, vermutlich gerade, weil das sonst so selten der Fall ist.

Unser Weg führt uns in die Nähe eines Waldes, an dessen Rand an einem Baum ein Warnschild hängt: *Achtung! Wolf-Streifgebiet. Hunde anleinen und Kinder beaufsichtigen!* In genau dieser Reihenfolge! Bisher werden in der Tat mehr Kinder durch Hunde verletzt als durch Wölfe. Manchmal liest man auch den Hinweis: *Betreten nur in Gruppen!* Also Rudel gegen Rudel. Wenn schon, denn schon! Der Mensch hat es ganz gern, wenn die Gefahr eine Kontur, ein Gesicht hat und er in dem guten Gefühl leben kann, einer Gefahr nicht machtlos ausgeliefert zu sein. Innere Gefahren können sehr unangenehm oder gar existenziell bedrohlich werden, da ist es oft besser, die Gefahr im Außen zu verorten. Man kann dann den Hund (das Triebhafte) an die Leine legen und die Kinder (ebenfalls triebhaft!) beaufsichtigen und sich sicher fühlen, weil man sich des Bösen auf diese Weise erwehren kann. Wenn das mit dem inneren Wolf denn mal auch immer so gut ginge.

Auf unserem Weg liegen viele weggeworfene hellblauweiße, papierne Tücher mit Schnüren dran, ausgedienter oder weggeworfener Mund-Nasen-Schutz, das Erkennungssymbol des Jahres 2020. Was der Mensch nicht sehen kann, macht ihm bisweilen panische Angst oder er glaubt nicht daran, dass es gibt, was er nicht mit eigenen Sinnen fassen und erfühlen kann. Wir sind gezwungen auf Experten zu hören, und derer gibt es in dieser Pandemie zahlreiche. Dennoch, kein Experte, keine Expertin dieser Welt kann oder sollte das eigene Denken komplett ersetzen. Experten sind sie in der Regel auf *ihrem* Gebiet, also einem Ausschnitt des Lebens. Das gilt heutzutage für fast alle Experten. Sie haben auf dieser Basis eine beratende Funktion, nicht nur für politische Entscheidungsträger, sondern auch für jeden Einzelnen. Die Wissenschaft ist inzwischen so komplex geworden, dass es den Doktor Faust so nicht mehr gibt; er hätte heute vielleicht mehr die Gestalt von Facebook® oder Google®. Die Suche nach dem erfüllenden Moment, nach dem Glück ist natürlich nicht unmodern geworden und wird gerade von digitalen Großkonzernen vermarktet.

Für die, die nicht *nur* Daten sammeln und Algorithmen arbeiten lassen, sondern auch noch selbst Schlüsse ziehen, diese überprüfen, Widersprüche suchen, diesen nachgehen, lesen und verinnerlichen, für all die reicht ein Leben zur Aneignung aller Wissenschaften nicht aus. Sie müssen also ihren wissenschaftlichen Kollegen vertrauen, ohne das eigene Denken auszuschalten. Die Glaubwürdigkeit eines Wissenschaftlers hat dabei keineswegs nur damit zu tun, wie gut er sich »verkaufen« kann, sondern damit, wie schlüssig seine Erkenntnisse dem Denken des anderen erscheinen. Letztlich hat Wissenschaft auch etwas mit Mehrheitsfähigkeit zu tun, was auch mal gewaltig ins Auge gehen kann (siehe Galilei).

Und auch Wissenschaftler haben keine Kristallkugel, sie können nicht in die Zukunft schauen und sie können sich irren. So ist es auch bei der Corona-Pandemie. Was gut und richtig gewesen wäre, werden wir vielleicht erst in der Zukunft wissen. Aber Menschen haben es mitunter sehr schwer, mit Ungewissheiten und Nicht-Wissen zu leben. Der Psychoanalytiker Bion nannte dieses Konglomerat an Nichtwissen -K. Wir versuchen die Lücke des Nicht-Wissens zu füllen, manchmal auch mit Scheinwissen.

Wir füllen -K vielleicht mit Diagnosen, die bisweilen Beruhigung schaffen, weil vermeintlich alles klar ist, wenn »ADHS« oder »Depression« draufsteht, zumindest rechtfertigt das doch die Gabe eines Medikaments, was wiederum die Pharmafirmen sehr freut. Oder wir folgen anhand der Diagnose einem neuen Manual, das uns das Denken abnimmt und suggeriert, alles richtig zu machen (man folgt ja dem Manual, damit kann man auch einen Airbus fliegen). Wenn die Diagnosen sich dann hinlänglich herumgesprochen haben, dann kann man sie gleich selbst stellen, vielleicht macht man noch einen Kurs in »Traumatherapie« und wird Experte.

Oftmals handelt es sich um Surrogat-Nahrung, eine Art psychischer Glutamat-Zusatz, der zunächst zu befriedigen scheint, aber eben doch nicht wirklich satt macht.

Denn was doch die allermeisten Menschen brauchen, um sich zu verstehen, ist nicht zwingend eine Diagnose (auch wenn die für die Kommunikation unter Fachleuten hilfreich sein kann), kein Manual und keine App, sondern Zeit und einen Menschen, der sich für sie und ihre Geschichte interessiert und dennoch genügend Abstand zu dieser Geschichte hat. Einen Menschen, der nicht sofort alles zu wissen glaubt, nur weil er schon depressive Menschen behandelt hat (oder selbst einmal eine Depression hatte). Einen Menschen, der es aushält, nicht gleich zu wissen, nicht gleich zu verstehen. Einen Menschen, der die Fähigkeit hat, einerseits mitzuschwingen und andererseits das Mitschwingen zu verweigern, der Partei nehmen kann, ohne parteiisch zu sein, einen Menschen, der das Staunen nicht verlernt hat.

Und jetzt kommen wir doch noch an einem Souvenir-Shop vorbei und kaufen uns schnell eine Buchstütze mit dem Konterfei Sigmund Freuds. So hat man doch das sichere Gefühl, etwas mitgenommen zu haben.

Anmerkungen

1 Onfray 2011.
2 Henningsen 2014.
3 Mentzos 1993, S. 19.
4 Mentzos 1993, S. 18.
5 Laplanche/Pontalis 1998, S. 325 (Hervorh. von der Verf.).
6 Tucholsky 1929.
7 Kohut 1997.
8 https://www.bmw.de/de/neufahrzeuge/4er/coupe/2020/bmw-4-series-coupe-highlights.html?gclsrc=aw.ds&ds_rl=1278120&tl=sea-gl-GSP (BS) BMW 4er-mix-miy-F32-sech-BMW 4er Coupe-.-e-bmw 4er coupe-.-.&clc=BMW_se&gaw=sea:7783885002_kwd-43710165242&gclh
9 Matzig 2020.
10 Feldenkirchen 2019.
11 Tucholsky 1929.
12 Tucholsky, Die Ortskrankenkasse, 1930.
13 North 1992, S. 2.
14 Esser 2002, S. 2.
15 Eine interessanter Nebenbefund: Offenbar bringen AfD-Anhänger fast allen Institutionen deutlich weniger Vertrauen, sprich: mehr Misstrauen, entgegen als Wahlberechtigte mit anderen Parteipräferenzen (https://www.politikkommunikation.de/ressorts/artikel/welchen-institutionen-die-deutschen-vertrauen-1409428550). Besonders groß ist der Unterschied bei der Presse, dem Radio, den Gerichten und dem Bundesverfassungsgericht.
16 Wer ein schönes (leicht parodiertes) Beispiel dazu kennenlernen möchte, der höre sich dieses entzückende Stückchen an: http://www.radiozentrale.de/fileadmin/mnt_downloads/DL_Aktuell/Kampagne_Pro_Radio/Manager-Dad_36.mp3 – https://www.youtube.com/watch?v=IgvkKqv2UP8
17 https://jugendfussball-talentsichtung.de/das-fussballtalent/wie-hoch-ist-die-chance-fussballprofi-zu-werden/
18 Moshe bittet Gott jeden Tag auf Neue, er möge ihn doch endlich, endlich beim Lotto gewinnen lassen. Eines Tages erschallt eine genervte Stimme aus dem Himmel: »Moshe! Ich würde dich ja gewinnen lassen, aber nun gib doch endlich mal einen Lottoschein ab!«

19 https://fussball-geld.de/verteilung-der-champions-league-einnahmen-2018-19/
20 https://www.sueddeutsche.de/sport/fussball-spitzenvereine-umsatz-studie-1.4311957-2 (SZ vom 01.02.2019.
21 Freud 1921c, S. 95.
22 Freud 1921c, S. 98.
23 Man fragt sich natürlich, was es bedeutet, wenn Borussia Dortmund seinen Vereinsslogan »Echte Liebe« im Jahr 2017 durch »Lass uns Freunde bleiben« ersetzt hat.
24 Freud 1921c, S. 110.
25 Freud 1921c, S. 110 (Hervorh. von der Verf.).
26 Das gibt es übrigens beim Fußball nicht so selten, wie man bei einem Blick auf die Seitenlinie, an der manche Eltern »coachen«, erkennen kann.
27 Freud 1921c, S. 128.
28 Das funktioniert so übrigens auch bei den Corona-Leugnern.
29 Mentzos 1993, S. 155.
30 Mentzos 1993, S. 157.
31 Mertens 1997, S. 55.
32 Bollas 1997.
33 Mertens 1997, S. 87.
34 https://www.dbb-wolf.de/Wolfsvorkommen/territorien/zusammenfassung
35 Siehe das Grimm'sche Märchen »Rotkäppchen und der Wolf«.
36 https://www.dbb-wolf.de/wolfsmanagement/herdenschutz/schadensstatistik
37 Mertens 1998, S. 181.
38 Laplanche/Pontalis 1998, S. 400.
39 König 1996, S. 48.
40 https://www-genesis.destatis.de/genesis/online?language=de&sequenz=tabelleErgebnis&selectionname=41331-0001#abreadcrumb
41 https://www.nina.no/archive/nina/PppBasePdf/oppdragsmelding/731.pdf
42 https://www.gdv.de/de/medien/aktuell/wildunfaelle-im-zwei-minuten-takt-51516
43 https://www.destatis.de/DE/Themen/Gesellschaft-Umwelt/Verkehrsunfaelle/Tabellen/ursachen-personenschaden2.html
44 Mahler/Pine/Bergmann 1988, S. 63.
45 Mahler/Pine/Bergmann 1988, S. 63.
46 Dornes 2014, S. 917.
47 Mentzos 1995, S. 36.
48 https://www.youtube.com/watch?v=apzXGEbZht0; https://www.youtube.com/watch?v=bOR7jId8wYk
49 https://www.bkk-mobil-oil.de/magazin/01-2018/smartphone-sucht.html
50 Winnicott 2002.
51 Kernberg 1993.
52 https://www.theguardian.com/world/2020/apr/26/virologist-christian-drosten-germany-coronavirus-expert-interview

53 Staehle 1997
54 https://www.bea.aero/uploads/tx_elyextendttnews/BEA2015-0125.de-LR_04.pdf
55 https://journals.plos.org/plosmedicine/article?id=10.1371/journal.pmed.1001190
56 https://de.statista.com/statistik/daten/studie/375281/umfrage/adhs-anzahl-der-verordnungen-ausgewaehlter-psychostimulanzien/
57 Die Cochrane-Collaboration ist ein anerkanntes, als unabhängig geltendes Netzwerk, das sich vor allem mit seinen Metaanalysen und wissenschaftlichen Übersichtsarbeiten einen Namen gemacht hat.
58 https://www.cochrane.org/de/CD009885/nutzen-und-schaden-von-methylphenidat-bei-kindern-und-jugendlichen-mit-aufmerksamkeitsdefizit
59 https://www.cochrane.org/de/CD012069/methylphenidat-fur-aufmerksamkeitsdefizit-hyperaktivitatsstorung-adhs-bei-kindern-und-jugendlichen
60 Freud 1916–17.

Literatur

Bollas, C. (1997). Der Schatten des Objekts. Das ungedachte Bekannte. Zur Psychoanalyse der frühen Entwicklung. Klett-Cotta. Stuttgart.
Dornes, M. (2014). Symbiose. In W. Mertens (Hrsg.): Handbuch psychoanalytischer Grundbegriffe (4. Aufl., S. 916–923). Stuttgart: Kohlhammer.
Esser, H. (2002). Soziologie. Spezielle Grundlagen. Band 5: Institutionen. Frankfurt a. M./New York: Campus.
Feldenkichen, M. (2019). Autos sind für Deutsche, was Waffen für Amerikaner sind – findet Jürgen Trittin. Der Spiegel, 09.06.2019.
Freud, S. (1916–17 g). Trauer und Melancholie (S. 428–446). GW X. Frankfurt a. M.: S. Fischer.
Freud, S. (1921c). Massenpsychologie und Ich-Analyse. GW XIII (S. 71–161). Frankfurt a. M.: S. Fischer.
Gukenbiehl, H. L. (2016). Institution und Organisation. In H. Korte, B. Schäfers (Hrsg.): Einführung in Hauptbegriffe der Soziologie (9. Aufl., S. 173–193). Wiesbaden: Springer VS.
Henningsen, P. (2014). Neurose. In W. Mertens (Hrsg.): Handbuch psychoanalytischer Grundbegriffe (4. Aufl., S. 626–632). Stuttgart: Kohlhammer.
Kernberg, O. F. (1993). Borderline-Störungen und pathologischer Narzißmus (7. Aufl.). Frankfurt a. M.: Suhrkamp.
Kohut, H. (1997). Narzißmus. Eine Theorie der psychoanalytischen Behandlung narzißtischer Persönlichkeitsstörungen (10. Aufl.). Frankfurt a. M.: Suhrkamp.
König, K. (1996). Abwehrmechanismen. Göttingen: Vandenhoeck & Ruprecht.
Laplanche, J., Pontalis J.-B. (1998). Das Vokabular der Psychoanalyse (14. Aufl.). Frankfurt a. M.: Suhrkamp.
Mahler, M. S., Pine, F., Bergmann A. (1988). Die psychische Geburt des Menschen. Symbiose und Individuation. Frankfurt a. M.: Fischer-Taschenbuch-Verlag.
Matzig, G. (2020). Das Automonster. Süddeutsche Zeitung, 2.10.2020.
Mentzos, S. (1993). Neurotische Konfliktverarbeitung. Einführung in die psychoanalytische Neurosenlehre unter Berücksichtigung neuer Perspektiven. Frankfurt a. M.: Fischer.

Mentzos, S. (1995). Depression und Manie. Psychodynamik und Therapie affektiver Störungen. Göttingen: Vandenhoeck & Ruprecht.

Mertens, W. (1997). Entwicklung der Psychosexualität und der Geschlechtsidentität. Band 1 (3., überarb. Aufl.). Stuttgart/Berlin/Köln: Kohlhammer.

Mertens, W. (1998). Psychoanalytische Grundbegriffe. Ein Kompendium (2., überarb. Aufl.). Weinheim: Beltz Psychologie Verlagsunion.

North, D. C. (1992). Institutionen, institutioneller Wandel und Wirtschaftsleistung. Tübingen: Mohr.

Onfray, M. (2011). Anti-Freud. Die Psychoanalyse wird entzaubert. München. Knaus.

Staehle, A. (1997). Paranoid-schizoide Position und die projektive Identifizierung. In R. Kennel, G. Reerink (Hrsg.): Klein – Bion. Eine Einführung. Tübingen: Edition diskord.

Winnicott, D. W. (2002). Reifungsprozesse und fördernde Umwelt. Gießen. Psychosozial.